어쩌다 우리는 괴물들을 키웠을까

한번도 일그러진 못난 자화상

들녘

어쩌다 우리는 괴물들을 키웠을까

학벌로 일그러진 못난 자화상

ⓒ송민수 2017

초판　1쇄 발행일 2017년 10월 25일

지 은 이　송민수

출판책임　박성규
편　　집　유예림 · 남은재
디 자 인　조미경 · 김원중
마 케 팅　나다연 · 이광호
경영지원　김은주 · 박소희
제　　작　송세언
관　　리　구법모 · 엄철용

펴 낸 곳　도서출판 들녘
펴 낸 이　이정원
등록일자　1987년 12월 12일
등록번호　10-156
주　　소　경기도 파주시 회동길 198
전　　화　마케팅 031-955-7374　편집 031-955-7381
팩시밀리　031-955-7393
홈페이지　www.ddd21.co.kr

ISBN　979-11-5925-288-4 (03300)

어쩌다 우리는

한뼘도 일그러진

들녘

괴물들을 키웠을까

못난 자화상

송민수 지음

SKY

일러두기

이 책에 실린 언론보도의 만평과 기사들에 대해서는 해당 언론사의 게재 허락을 얻기 위해
최선을 다하였습니다. 일부 미진한 점이 있다면 추후 협의에 성실히 임하겠습니다.

머리말

　이상한 방법으로 국가대표를 선발하는 나라가 있다. 그 나라는 축구의 센터포워드도, 야구의 4번 타자도, 농구의 센터도 특정 체육대학을 졸업한 학생만을 선발한다. 그들은 '자리'를 보장받을 뿐만 아니라, 점수를 올릴 수 있는 기회도 그들에게 집중된다. 심지어 그 대학의 컬링학과를 졸업해서 양궁 국가대표가 되기도 하고, 싱크로나이즈드 스위밍 학과를 졸업해서 피겨스케이트 국가대표가 되기도 하고, 아이스하키 학과를 졸업해서 골프 국가대표가 되기도 한다. 종목이 전혀 다른 경기에서도 그들은 주전 자리를 차지할 수 있고, 감독들은 그들의 개인 성적을 높이기 위해 다른 선수를 닦달한다. 다른 체육대학을 졸업한 학생들은 자신의 기량을 보여줄 기회마저 얻기가 힘들다. 국가대표가 되고 싶은 선수들은 모두 그 체육대학을 들어가기 위해 과외를 받고, 학원을 다닌다. 그 대학의 이름은 '서연고' 체육대학이고, 그 나라의 이름은 대한민국이다.

말도 안 되는 이상한 설정을 해봤다. 하지만 대한민국의 현실은 이런 엉터리 비유와 조금도 다름이 없다. 대한민국에서 기회는 결코 평등하지 않다. 비슷한 능력을 가지고 있어도 성과를 올릴 수 있는 중요한 자리는 모두 특정 대학 출신들의 차지다. 그러다 보니 대부분의 좋은 결과는 그들의 경력이 되고, 그것은 또다시 그들이 좋은 자리를 차지할 수 있는 근거가 된다. 단지 중고등학교 6년간의 노력으로 만들어진 작은 차이는 평생 좁힐 수 없는 엄청난 차별로 굳어진다. 대한민국에서 교육과 입시, 그리고 취업과 승진에 이르기까지 서열화된 대학이 가지는 힘은 엄청나다. 서열화된 대학의 꼭대기에 오르기 위한 대입 중심의 교육으로 인해 공교육은 힘을 잃었고, 사교육 위세는 갈수록 커지고 있다. 학연으로 뭉친 사람들이 사회 곳곳에서 눈에 보이지 않게 자신들의 힘을 과시하는 일은 흔하다. 정당한 학력이 만든 부당한 특권은 헤아릴 수 없이 많다. 명문대 간판이 없는 사람들에게 학벌 사회가 만든 고통은 좀처럼 줄어들지 않는다. 대입 결과가 정해지기만 하면 그 뒤 수십 년의 노력은 평가될 수 없는 나라. 바로 대한민국이다.

학력 중심 사회의 폐단은 우리 모두가 알고 있다. 하지만 안타깝게도, 학력 문제는 알고 있음에도 어쩔 수가 없다. 수많은 전문가들이 온갖 해결방법을 제시해도 바꿀 수가 없는 문제임을 인정하지 않을 수가 없다. 학력으로 인한 사회적 문제는 복잡하게 얽혀 있어 어느 한 부분의 해결방법이 다른 부분의 문제를 불거지게 할 뿐이었다. 그렇게 우리에게 학력 중심 사회의 폐단은, 어느 정도는 인정하고 어느 정도는 포기한 문제가 되어버렸다.

하지만 어쩔 수 없다는 무력감은 거시적이고 사회적인 해결만을 추구했기 때문에 생긴 것은 아닐까? 수많은 해결방법들이 무용할 수밖에 없는 이유는 좀 더 근본적인 문제를 살펴보지 않았기 때문일지도 모른다. 어쩌면 대학 개혁보다, 대입제도의 개선보다, 취업과 승진에서 학벌의 영향력을 줄이려는 시도보다 더 먼저 해결해야 할 것은 우리의 감정일지도 모른다. 누군가가 자신은 서울대를 졸업했는데 당신은 어느 대학을 졸업했느냐고 묻는다면 당황스러운 일이다. 그의 예의 없는 말에 기분이 나쁠 수도 있고, 죄 없는 자신의 학력 때문에 자존심이 상할 수도 있다. 하지만 그의 무례함에 화를 내기도 쉽지 않고, 아무렇지 않은 듯 자신이 졸업한 대학을 이야기하더라도 왠지 그럴듯한 사연을 덧붙여야 할 듯싶다. 무엇 때문일까? 왜 그렇게 우리는 그들 앞에서는 생각이 많아질까?

나는 학력 문제의 근본 원인이 우리에게 있다고 생각한다. 서연고를 졸업하지 않은 우리는 서연고 중심 사회를 비판하면서도 그들의 세상에 들어가고 싶은 욕망을 버리지 못한다. 학벌 사회를 비판하면서도 내 자식은 서연고를 보내고 싶은 우리가, 입시 위주의 교육이 잘못되었다고 하면서도 변별력이 중요하다고 이야기하는 우리가, 실력이 더 중요하다고 하면서도 명문대 졸업장 앞에서 작아지는 우리가 학벌 사회가 만든 고통을 더 크게 만들고 있는 것은 아닐까?

서연고의 지나친 특권이 유지될 수 있는 이유는 우리가 그들을 부러워하고, 그들 앞에서 우리를 부끄러워했기 때문이다. 다행히도(?) 너무나 견고한 학벌 사회 덕분에 서연고를 졸업한 그들 중 일부는 괴물이 되었다. 그들의 정당한 학력에 의심이 가는 사건들이 계속 터져 나왔다. 부끄러움은 우리의 몫이 아니었는데도 그들은 우리를 부끄럽게 했고, 그들은 부끄러움을 몰랐다. 부러워했던 사람들의 부끄러운 행적은 왜 우리가 그들을 부러워했는지 의심하게 했다. 나는 이 책을 통해 우리가 느끼는 부러움과 부끄러움에 근거가 없음을 보여주고자 한다.

마지막으로 부족한 글이 책으로 엮여 출간될 수 있도록 도와주신 도서출판 들녘의 임직원 분들에게 감사의 말씀을 전한다. 특히, 박성규 주간님의 도움이 너무 커서 어깨가 무겁다. 글은 짧지만, 고마운 마음만은 헤아릴 길이 없다.

2017년 긴 한가위 연휴의 어느 날, 송민수

지나치게

1

과한 찬사

정당한 학력은
부당한 특권을 가져도 되는가

얼마 전 <알쓸신잡>이라는 TV프로그램에서 본 재미있는 일화를 하나 소개한다. 정재승 씨는 영화 <덤 앤 더머>에서 방귀에 불을 붙이는 장면을 보고 "방귀도 불이 붙나요?"라는 칼럼을 썼다. 당시 유행하던 <호기심 천국>의 작가가 그의 칼럼을 보고, 직접 방귀에 불을 붙이는 실험을 하고 싶다며 연락을 해 왔다고 한다. 그런데 방송대본을 본 그는 "방귀 박사를 모십니다"라는 자신의 소개글에 고민을 했다. 당시 그는 '석사'였기 때문이다. 그는 고민 끝에 지도교수님과 상담을 했는데, 지도교수님이 "너 아직 대학원생이라 박사를 못 받았는데, 박사라고 나와도 되겠냐? 너 그거 학력 위조다"라고 하셨다. 결국 <호기심 천국> 담당 PD도 "방귀 석사를 모십니다"라고 할 수는 없다고 해서 출연을 못 하게 되었다는 얘기다.

'박사'는 규정된 절차를 밟고 받은 학위라는 뜻도 있지만, '컴퓨터 박사', '요리 박사'처럼 특정 분야의 일에 숙달된 사람을 비유적으로 표현하는 말이기도 하다. '방귀 박사'는 참 애매하다. 과학적 사실을 중시하는 예능 프로그램인 <호기심 천국>에서 석사를 '박사'로 소개할 수도, 프로그램 내용의 권위를 위해 '석사'로 그냥 소개할 수도 없었을 것이다. 어쨌든 정재승 씨는 현재 카이스트 교수이자, 물리학 '박사'다.

석사를 박사로 소개할 수 없었던 안타까움을 뒤로하고, 대한민국의 학력 사건을 살펴보자. 주변 사람에게 거짓으로 꾸며 졸업하지 않은 학교를 졸업했다고 사기를 치는 일이 종종 있다. 고등학교만 졸업하고 대학교를 나온 것처럼 이야기하는 엄마 아빠에게야 알고도 속을 수 있는 일이다. 배우지 못했다는 것을 개인의 잘못이라고 함부로 이야기할 수 없는 일이기도 하고, 또한 자식들에게 상처를 주지 않으려는 부모의 마음을 충분히 이해할 수 있기에 그런 '학력 위조'는 대수로운 문제가 아니다. 더구나 배움으로 사람을 쉽게 재단하고 평가하는 데 익숙해진 사람들 속에서 배움이 적은 사람들이 받은 고통을 생각하면, 그저 상대방에게 상처받지 않기 위해, 또 상처를 주지 않기 위해 자신이 졸업한 학교를 꾸미는 일을 나쁘다고 말하기는 힘들다. 어쩌면 그들이야말로 학벌주의 사회의 피해자일 수도 있다.

하지만 학벌을 속여 이익을 취하려는 사람들마저 학벌주의 사회의 피해자라고 말할 수는 없다. 법적인 잘못을 저질렀다면 응당 죗값을 받아야 한다. 유별나게 학력 사건이 많은 대한민국에서는 학력에 대해 해야 할 말들이 참 많다. 아래는 대표적인 학력 사건들이다.

정유라 사건

사람들이 분노해야 할 전형적인 학력 사건이 바로 정유라 사건이다. 부정한 방법으로 부당하게 학력을 취득하고도 반성은커녕, "능력 없으면 니네 부모를 원망해. 돈도 실력이야"라고 말하는 뻔뻔함까지 갖추었으니 그야말로 학력 사건의 완전체인 셈이다. 그 능력 있는 부모가 최순실이었다. 그녀는 실로 엄청난 능력으로 양손에 떡을 쥔 것처럼 정부와 기업을 주물러댔다. 그녀에게 이화여대쯤은 아무것도 아니었다. 공정해야 할 대학입시가 권력과 돈을 가진 자들에게 농락당했고, 사람들은 분노했다.

이화여대 입학비리 사건은 최순실 국정농단 사건의 출발점이었다. 이화여대 학생들이 고구마줄기를 캐려고 총장실을 파내다가 무령왕릉을 발견했다는 말이 나왔다. 결국 이화여대의 총장과 입학처장, 학장과 교수들이 줄줄이 구속되어 최순실이 있는 구치소로 가서 실형을 선고 받았다. 정유라 사건은 분노할 수 있는 학력 사건의 완벽한 모델이다. 이렇게 대한민국을 학력으로 떠들썩하게 만든 사건의 출발점은 '신정아 사건'이었다.

신정아 사건

정유라 사건이 부정 입학 사건이라면, 신정아 사건
은 대표적인 학력 위조 사건이다. 2007년 동국대 교수였
던 신 씨는 1994년 캔자스대에서 학사학위를, 1995년 같
은 대학에서 경영학 석사를, 2005년 예일대에서 박사학
위를 받았다고 하였으나, 실제로는 캔자스대 학부과정을
중퇴한 것으로 밝혀졌다. 나는 캔자스대와 예일대의 차이
를 잘 알지 못한다. 다만 대학 중퇴자가 석사와 박사학위
까지 받았다고 사람들을 속였으니 충분히 문제가 될 만
한 사건이었다. 더구나 그녀는 그런 위조된 학력을 바탕
으로 미술계의 신데렐라로 불리며 성곡미술관의 큐레이
터와 동국대 조교수를 역임하였고, 2007년에는 광주비엔
날레 공동 예술감독으로 내정되기도 하였다. 당시 청와대
정책실장과 부적절한 관계로 사람들의 관심은 더욱 커졌
다. 그녀의 사건은 당시 학력 위조에 대한 사회적인 파장
을 크게 일으켰다. 아래의 신문 기사는 당시 사건의 여파
를 잘 보여준다.

학력위조 파문이 갈수록 확산되고 있다. 신정아 동국대
교수에 이어 KBS 라디오 '굿모닝 팝스'를 7년째 진행 중

인 유명 영어강사 이지영씨의 학력 역시 위조된 것으로
드러났다. 영국 브라이튼대를 졸업한 것으로 알려진 이
씨의 학력은 고졸이었다. 인기 만화가 이현세씨도 최근
출간한 골프만화 '버디' 3권에서 자신의 학력이 대학중퇴
가 아니라 고졸임을 털어놨다.

신정아 사태 이후 '학력위조 커밍아웃'이 줄을 잇는 상황
이다.

학력 위조는 실력보다 간판이 중요시되는 우리 사회가
만들어 낸 '괴물'이다. 경향신문 취재결과 베스트셀러 작
가이자 카운슬러인 노혜진씨의 학력도 부풀려져 있음이
확인됐다. …노씨는 자신의 저서를 통해 도쿄대학교와
연세대 대학원 교환학생과정을 수료하고 보스턴대 철학
박사 학위를 받았다고 소개해왔다. 하지만 모두 거짓이
었다.…

그동안 학력 위조로 물의를 빚은 저명인사는 한 둘이 아
니다.…

열린우리당 염동연 의원은…. 17대 총선에 출마한 열린
우리당 이상락 전 의원 역시…. 프린스턴 신학대학원을
졸업한 장상 총리서리는…. 또 2004년 손해보험협회 오
상현 회장은…. 2000년 서울지방경찰청장에 오른 박금
성씨는….

교육계에서의 학력위조는 너무 많아 일일이 열거하기 힘
들 정도다. 올해 초 경찰청 특수수사과는 서울대·연세대·
고려대 졸업생을 사칭한 학원 강사 20여명을 적발했고

지난 13일 서울경찰청은 비인가 대학에서 박사학위를 받
은 현직 대학교수 등 60여명을 입건했다.[1]

(…는 중략의 표시임)

여기까지는 신정아 사건이 발생하기 이전에 밝혀진
학력 사건에 대한 기사였다. 하지만 신정아 사건 이후 국
방부 및 정부기관과 기업 그리고 연예계까지 학력에 대
한 대대적인 검증 작업이 이루어졌다. 「'학력 위조' 학
원 강사들 떤다. 서울시 교육청 색출·처벌 나서」(경향신문
2007.07.24), 「고대 출신 심형래?… 학적과 "그런 이름 없
다"」(한겨레 2007.07.25), 「대한민국은 위조 공화국?」(문
화일보 2007.08.02), 「'러브 하우스' 이창하씨 학력위조 의
혹 논란」(세계일보 2007.08.06), 「가짜를 막는 길은 철저
한 검증뿐이다」(국민일보 2007.08.06), 「단국대 김옥랑 교
수도 학력위조 사실 드러나」(동아일보 2007.08.08), 「'짝퉁'
들이 교란시키는 신뢰 인프라」(문화일보 2007.08.09), 「취
업 이력서도 '가짜' 통했다」(경향신문 2007.08.12), 「"이화
여대에 다닌 적 없습니다" 윤석화 뒤늦은 고백」(동아일
보 2007.08.16), 「'가짜' 들통 나기 전에… '학력 수정 요청'
봇물」(문화일보 2007.08.16), 「장미희씨도 '가짜 학력' 의
혹… 강석씨, 연대 다닌 사실 없어」(동아일보 2007.08.18),
「문화예술계 이어 종교계까지 '학력 위조'… '학벌=능

<hr>

1   경향신문 2007.07.20, 「학벌위조, '간판' 중시 풍토가 '인생 성형' 부추겨」

력」(경향신문 2007.08.19) 등등 위에 쓴 기사보다 훨씬 더 많은 학력 사건이 보도되기에 이른다. 신정아 사건은 학력을 속인 사람들을 벌벌 떨게 하였고, 많은 사람들이 스스로 학력 위조를 고백하게 했다.

하지만 거기까지였다. 신정아 학력 사건의 여파는 고작 제대로 된 검증 체계를 갖추어야 한다는, 비도덕적인 학력 위조를 엄벌해야 한다는 논의만을 불러일으켰다. 대부분의 언론은 위조, 짝퉁, 가짜가 사회의 신뢰를 무너뜨리니 더욱 철저한 검증을 통해 가짜 학력자를 뿌리 뽑아야 한다고 했다. 나는 신정아 사건을 학력 **'위조'** 사건으로만 바라보는 언론이 답답했다. **'학력'** 위조 사건으로 바라보면 생각할 문제가 더 넓어질 텐데도 그러지 않았다.

대한민국에서 학력 사건은 군대 문제만큼이나 민감한 사안이다. 직접적인 이해 당사자라고 할 수 있는 명문대를 졸업한 사람들이야 자신들의 정당한 노력이 침해받았으니 분노하는 것이 당연하다. 그들에게 학력 '위조'는 용납할 수 없는 문제일 것이다. 하지만 그렇지 못한 대부분의 사람들이 그들의 입장에서 함께 분노하는 이유를 선뜻 이해하기가 어려웠다. 왜 명문대를 졸업하지 못한 대다수의 우리들은 '학력' 위조 사건에 분노하는 것일까?

물론 나도 학력 위조 사건을 두둔할 생각은 없다. 설사 위조하고 싶은 마음이 간절해질 정도로 학력에 의한 사회적 차별이 심하다고 해도 학력 위조범에게 동정심을 주지는 않을 것이다. 학력 위조범은 사회적인 지탄을 받는 것은 물론, 다니고 있는 직장에서도 불이익을 받아야 한다. 민형사상 책임을 져야 한다면 당연히 그래야 한다. 언론에서 이야기하는 것처럼 학력에 대한 검증 체계를 제대로 갖추고, 처벌 규정도 새롭게 점검해야 한다.

하지만 우리가 신정아 사건을 '학력' 위조 사건으로 살펴볼 수 있는 여유가 있었다면, '위조'에만 머무르지 않고 '학력'의 문제를 조금 더 깊이 있게 살펴볼 수 있는 계기를 얻을 수 있었을 것이다. 우리에게 진정으로 필요한 것은 낮은 학력과 높은 학력의 진정한 차이가 무엇인지에 대한 깊이 있는 고민이었다. 만약 학력을 위조한 사람과 진짜 학력을 가진 사람의 실력 차이가 없다면, 학력에 대한 우리의 기대는 과연 무엇으로 만들어진 것일까? 가짜 학력이 드러나기 전까지, 위조한 학력만큼의 실력을 보여주지 못한 실증적인 증거가 있기는 한 것일까? 반대로 보자면, 진짜 학력을 가진 사람들이 그 학력만큼의 실력을 보여주고 있기는 한 것일까? 과연 학력과 실력은 비례하는 것일까?

높은 학력을 가진 사람보다 더 뛰어난 실력을 가진

낮은 학력의 사람들에게 과연 실력을 발휘할 수 있는 기회는 주어지고 있는 것일까? 무엇보다 대한민국에서 학력으로 얻을 수 있는 것들은 과연 정당한 것일까? '학력'에 대한 이런 수많은 의문들은 위조와 가짜, 그리고 검증과 처벌만을 이야기하는 언론에 가려 질문할 기회조차 가질 수가 없었다.

미네르바 사건

앞에서 이야기한 학력과 실력에 대한 진지한 사회적 고민이 필요한 사건이 있었다. 부정 입학도 학력 위조도 아닌 이상한 학력 사건이었다.

2008년 다음 아고라에는 경제 대통령으로 불리는 '미네르바'라는 필명의 사람이 있었다. 그는 한국판 '서브프라임' 사태를 예측했고, 박사학위를 가진 금융전문가가 수두룩하게 포진한 산업은행이 세계 3대 투자은행인 미국의 리먼 브러더스를 인수한다고 했을 때 반대 의견을 올렸다. 그리고 그가 글을 올린 지 한 달도 안 되어 리먼 브러더스는 파산했다. 미네르바가 경제 대통령으로까지 불리는 이유는 각종 수치와 통계 자료를 제시하면서 현재의 경제 상황을 분석하고, 미래를 정확하게 예측했기 때문이다. 강만수 장관조차 미네르바를 만나서 대화해보

고 싶다고 했을 정도다. 청와대 경제수석을 지낸 김태동
성균관대 교수는 미네르바를 '우리 시대의 국민 경제 스
승'이라고 격찬하기도 했다.[1] 하지만 그는 허위사실을 유
포한다고 하여 전기통신기본법 위반으로 구속되었다. 물
론 그는 결국 무죄를 선고받았다.

  하지만 그 과정에서 우리는 못 볼 꼴을 보고 말았다.
미네르바는 독학으로 경제 공부를 했고, 그의 생각을 아
고라에 올렸을 뿐이었다. 하지만 우리는 그가 올린 글의
내용보다 그의 학력으로 그를 평가했다. 미네르바는 전
문대를 졸업한 30대 무직이었다. 그의 학력이 알려지자,
언론에서는 곧바로 그를 공격하기 시작했다. 그는 학력을
위조한 적도 없는데 언론은 마치 그를 사기꾼처럼 몰아
붙였다. 중앙일보는 「실체 드러난 '경제 대통령' 가짜에
놀아난 대한민국」이라는 제목의 기사를 썼다. 서울대를
나온 가수 조영남 씨는 미네르바의 학력이 밝혀지자, "다
들 믿다가 잡아보니 별 이상한 사람이고 다 속았다"며 미
네르바를 비난하기도 했다.[2]

  미네르바가 서울대를 나왔다면 아마도 그는 경제 대
통령이 아니라 '경제의 신'이 되었을 것이다. 그가 썼던 글

---

1   주간경향 2009.01.28 「대한민국 대표 예언서 ⑤ 미네르바 모음집」

2   동아일보 2009.01.12 「조영남, 미네르바 비난발언 논란」

은 조금의 변화도 없는데 그의 학력이 밝혀지자 언론은 그를 사기꾼으로 만들기 위해 안달했다. 미네르바 사건은 '학력'에 대한 편견을 정면으로 마주할 수 있는 사건이었다. 하지만 이를 막고 싶어서였을까? 검찰은 그를 '허위사실 유포'라는 말도 안 되는 이유로 기소를 했고, 미네르바 사건은 표현의 자유로 프레임이 바뀌게 되었다. 미네르바 사건은 학력과 실력에 대한 근본적인 의문을 우리에게 던져주었지만, 2년 전 신정아 사건처럼 우리는 본질적인 질문은 외면한 채 그저 학력의 벽을 더 단단하게 만들었을 뿐이었다.

타블로 사건

정당성과 신뢰 프레임은 학력 사건을 대하는 언론의 고정적인 시각이다. 학력 사건이 발생하면, 위조된 학력이 정당한 노력의 대가를 파괴하고 사회적 신뢰를 무너뜨린다는 기사만 가득하다. 그런 신뢰와 상식을 지켜내기 위한 이상한 학력 사건이 발생했다. 바로 타블로 사건이다.

힙합 그룹 에픽하이에서 활동하고 있는 타블로는 스탠퍼드대학을 졸업했다. 하지만 타블로의 학력이 위조되었다는 의혹이 제기되었고, 타블로에게 진실을 요구한다

는 뜻의 '타진요'라는 카페가 생겼다. 타블로 입장에서는
자신이 실제로 한 일을 증명해야 하는 이상한 상황이 발
생했다. 하지만 증명 과정에서 또 다른 의심이 생기고, 또
다시 증명하는 일이 지루하게 반복되었다. 그러다가 2010
년 4월에 타블로가 허위사실 유포와 관련하여 논란을 제
기한 사람들을 고소하면서 일은 더욱 커지게 되었다. 고
소를 당한 사람들은 조금도 움츠러들지 않았다. 진실을
찾고, 상식이 진리인 세상을 위해서 그들은 타블로가 스
탠퍼드대학을 졸업하지 않았다는 수많은 논리들을 만들
면서 타블로를 더욱더 비난했다. 하지만 법정은 "타블로
가 스탠포드대학교를 졸업했다는 객관적인 증거가 계속
해서 나오고 있는 상황에서도 악의적인 표현으로 타블로
와 가족들의 명예를 훼손하고 모욕했다"며 "법정에서조
차 관련 증거들이 모두 조작됐다고 주장하며 잘못을 인
정하지 않았던 점 등을 고려해 실형을 선고"했다.[1] 결국
타블로가 스탠퍼드대학을 졸업했다는 사실이 밝혀짐으
로써 타블로의 학력이 더욱 부각되었다.

　타블로는 그가 가진 학력이 아니었으면 얻을 수 없
는 직업을 가진 것도 아니었다. 그의 학벌은 가수라는 그
의 직업과 무슨 관련이 있을까? 그가 고졸이든 전문대졸
이든 서울대졸이든 도대체 무슨 상관이란 말인가? 혹시

1　세계일보 2012.07.06 「'타블로 명예훼손' 타진요 회원 '실형'」

명문대 졸업장이 타블로의 인기에 크게 영향을 미쳤다고
한다면 그런 사회적 분위기가 오히려 문제이지 않을까?
도대체 우리는 왜 명문대 졸업생을 우러러보는가에 문제
제기를 했어야 하지 않을까? 똑같은 연예인이라도 학벌이
높은 연예인에 대해 가지는 우리의 감정이 과연 정상적인
것일까?

한갓(?) 연예인의 대학 졸업장을 두고서 진실을 밝혀
야 한다며 재판까지 받아야 했던 사람들은 도대체 무엇
을 지키고 싶었던 것일까? 그들이 말하고자 하는 진실과
상식은 무엇이었을까? 만약 타블로가 학력 위조를 했다
고 밝혀졌다면 그들은 진실을 지키고 상식이 통하는 세
상을 지켜낸 것일까? 혹시 그들은 자신들이 밝히고자 하
는 사실이 오히려 '학력' 문제의 진실을 은폐시키는 데 도
움이 되었음을 알고 있었을까? 그들이 밝히고자 하는 사
실은 타블로의 스탠퍼드대학 졸업 여부였다. 하지만 타블
로 학력의 진위 여부와 상관없이 그들은 학력이라는 거
대한 벽을 더욱 튼튼하게 만들었다. 그들은 '진실'을 지킨
다고 했지만, 그들이 결국 지킨 것은 서열화된 학력 사회
일 뿐이었다.

타블로의 학력에 문제제기를 한 사람들은 어떤 마
음이었을까? 타블로에게 진실을 요구한 사람들 입장에
서 가정을 한번 해보자. 만약 그들이 명문대 학벌을 가지

고 있는 사람들이었다면, 그들이 누려야 하는 혜택을 자
격이 없는 누군가에게 빼앗기기 싫어서 그런 것은 아니었
을까? 만약 그들이 내세울 만한 학벌이 없는 사람들이었
다면, 혹시 그들이 누리지 못하는 혜택을 거짓으로 누리
고 있는 사람을 응징하고 싶어서 그런 것은 아니었을까?
어느 쪽이든 그들은 학벌을 통해서 누리는 특권이 있음
을 인정하고, 그것을 정당화하기 위해 노력한 셈이다. 진
짜 문제제기를 해야 할 것은 학벌이 가진 과도한 특권이
었는데, 그에 대해 그들은 언급조차 하지 않았다. 여러모
로 타블로 사건은 학력에 대한 사람들의 지나친 관심이
만들어낸 불행한 일일 뿐이다.

'이제 성난 눈길을 학벌 사회로 돌리자'

명문대 입학이 정당한 과정을 거쳐야 하는 것은 당
연하다. 하지만 학력 사건이 마치 정당하게 학력을 취득
한 그들의 권리를 지켜주어야 하는 것처럼만 이야기되어
서는 안 된다. 우리는 부당함에 대한 기준을 더 넓게 가
져야 한다. 정당하게 입학한 서연고 졸업생들이 가진 수
많은 특권이 정당하지 않을 수 있다는 의심이 필요하다.
명문대 합격증이 가진 정당함이 졸업장을 통해서 얻을
수 있는 지나친 혜택까지 정당화해서는 안 된다. 하지만
학력 사건을 통해서 우리가 요구하는 대학 입학의 정당

함은 그들이 누리는 수많은 특권을 오히려 합리화할 뿐
이다.

학력 사건은 '팩트'를 확인하면 모든 것이 해결되는
일이다. 정당하게 입학했는지, 실제로 그 학교를 졸업한
것은 맞는지 사실 여부를 확인하면 된다. 하지만 우리에
게 이런 '팩트'가 무슨 대단한 의미가 있을까? 거짓말을
했으면 그에 맞는 법적인 처벌을 받으면 된다. 문제는 시
끄러운 '팩트' 확인 사건에 가려진 진실이다. 높은 학력으
로 도대체 얼마나 많은 특권을 누릴 수 있기에 이토록 학
력 사건이 많은 사람들의 울분을 불러일으키는지 궁금
하다. 아무리 입학이 정당해도, 실제로 그 대학을 졸업한
'팩트'가 있다고 해도, 그들이 가진 능력 이상의 것을 누
리는 사회구조를 정당화할 수는 없다. 이 둘을 구분하는
것은 매우 중요하다. 대학입시의 공정함을 요구하는 목소
리와 명문대가 가지는 부당한 특권을 내려놓으라는 목소
리는 결코 모순된 주장이 아니다.

투명한 신뢰를 만들어내기 위해서는 대학 졸업장을
확인하는 일보다 공정하게 실력을 평가하는 일이 훨씬
더 필요하다. 정당한 노력의 대가를 위해서는 고등학교
졸업 이후, 혹은 대학 졸업 이후의 노력에 대한 평가도 함
께 이루어져야 한다. 하지만 대한민국은 똑같은 실력을
가지고 있어도 학력이라는 간판 때문에 전혀 다른 평가

를 받아야 하는 나라다. 도대체 졸업한 대학이 그가 만들어낸 결과와 무슨 상관이 있단 말인가? 똑같은 결과물을 가지고도 학벌에 의해 평가가 달라진다면 그것이야말로 불공정한 사회가 아닌가? 진짜 공정한 사회라면 학력을 위조할 필요조차 없는 사회일 것이다. 학력을 위조한 것이 별 혜택이 되지 않는 그런 사회가 정당한 사회다. 고작 중고등학교 6년 동안의 노력으로 많은 것들이 쉽게 평가되는 세상이 공정한 세상은 아니다. 그것도 평생에 걸쳐서 엄청난 영향력을 행사한다면 심각한 문제다.

나는 정유라 사건과 신정아 사건과 미네르바 사건 그리고 타블로 사건이 합쳐진 것만큼 엄청난 학력 사건이 또 한 번 일어났으면 좋겠다. 새롭게 발생한 학력 사건만큼은 서연고 출신들의 잘못된 혜택을 지키는 엉뚱한 방향이 아니라, 학벌 사회에 대한 문제를 제대로 논의할 수 있는 기회가 되기를 간절히 바란다. 신정아 사건 이후에 수많은 신문들이 신뢰와 정당성을 이야기하고 있었지만, "이제 성난 눈길을 학벌 사회로 돌리자"[1]와 같은 작은 목소리도 분명 있었다. 나는 10년 전의 작은 목소리를 더 크게 만들기 위해 이 글을 쓰기 시작했다.

---

1   한겨레 2007.08.16 「이제 성난 눈길을 학벌 사회로 돌리자」

그대 앞에만 서면
나는 왜 작아지는가

우리는 실수를 하거나 잘못을 저질렀을 때 부끄러움을 느낀다. 친구에게 "나 어떻게"라고 썼다가 '어떡해'가 맞는 표현이라는 이야기를 듣고, 거래처 부장님에게 "요즘 어떡해 지내십니까?"라고 문자를 보냈다. 나중에 '어떻게'와 '어떡해'의 쓰임을 알게 되는 순간 얼마나 부끄러울까? 상황을 모면하기 위한 작은 거짓말이 들통났을 때도 부끄럽다. 또한 우리는 마땅히 해야 할 일을 하지 않을 때도 부끄러움을 느낀다. 남자에게 맞고 있는 여자를 못 본 체하며 지나갈 때도 부끄럽다. 하지만 부끄러움을 느낄 상황이 전혀 아닐 때에도 느끼는 부끄러움이 있다. 잘못이나 실수를 한 것도 아니고, 해야 할 일을 하지 않은 것도 아니고, 양심에 거리끼는 일을 한 적도 없는데 부끄러운 것이다. 그런 부끄러움이 바로 부러움 뒷면에 붙어 있는 부끄러움이다.

부러움의 끄트머리에도 부끄러움이 붙어 있다. 그래서인지 부러움에 '끄'를 넣으면 부끄러움이 된다. 부러움의 끄트머리를 지나서 뒷면으로 돌아가면 부끄러움이 있는 모양이다. 부러움의 뒷면에 있는 부끄러움은 잘못을 저지른 부끄러움도, 양심에 거리끼리는 부끄러움도 아닌, 남을 대하기에 떳떳하지 못한 쪽팔림이다. 잘못한 것도 없이 자존심이 꺾여 쑥스럽고 민망한 상태다.

작아지는 우리들

김수희의 <애모>는 요즘 유행하는 말로 역주행 Song이었다. 1990년에 발표했지만 4년 뒤인 1993년에야 '가요톱 10'에서 1위를 차지했다. 그것도 서태지와 아이들을 꺾고서 정상에 올랐다. <애모>는 그 뒤로도 "그대 앞에만 서면 나는 왜 작아지는가"라는 가사 때문에 남자들의 성적 능력을 표현하는 우스개로 유명했다. 본래 사랑하는 사람에게 기대고 싶은 연약함, 혹은 사랑하는 사람에게 느끼는 미안함을 표현한 가사를 성적 능력을 잃어버린 남자의 부끄러움으로 바꾼 것이다. 잘못을 저지르지도 않았고, 양심에 거리끼는 일을 한 것도 아닌데 부끄러운 일이 하나 더 늘어났다.

서울대, 연세대, 고려대 정문 앞에 서면 왠지 작아지는 느낌을 받는다. 특별히 잘못한 일도 없는데 죄를 지은 모양 움츠러든다. '까짓, 지들이라고 뭐 별거 있어?' 하면

서 애써 태연한 척해봐도 왠지 눈치가 보이고 주눅이 든
다. 캠퍼스를 자유롭게 다니는 학생들을 보면 부럽기도
하고, 또 다른 세상에 살고 있는 사람처럼 멀리 있어 보
이기도 한다. 교복을 입고 있는 것도 아니고, 학교 배지
를 달고 다니는 것도 아닌데 그 안에 있는 그들과 나만 명
확하게 구분이 되는 것처럼 이질감을 느낀다. '다들 전교
1~2등 했던 애들이겠구나' 하는 생각에 괜스레 그들이
그렇지 못한 나를 낮게 내려다보고 있는 느낌도 든다. 그
들 앞에서 우리는 도대체 무엇이, 왜 부끄러운 것일까?

　　평소에 편하게 알고 지내던 사람이 서울대를 나왔다
는 사실을 알게 되는 순간, 그 사람이 갑자기 다르게 보이
기 시작한다. 편하게 알고 지내던 친구의 친구와 술자리
를 가지게 되었다고 하자. 그 자리에서 그가 자신이 S대
를 졸업했다고 농담처럼 이야기한다. 갑자기 이런저런 생
각에 머릿속이 복잡해진다. '서울대를 뜻하는 말이겠지?',
'짜식 공부 좀 했나 보네', '그런데 왜 이러구 있어?', '역시
아까부터 뭔가 말하는 게 다르긴 하더니만' 등등 왠지 주
눅이 들 수도 있고, 갑자기 괜한 미움과 함께 반발감이
들 수도 있고, 그간의 그의 행동과 말이 다른 의미를 가
지는 것처럼 여겨질 수도 있다. 단지 졸업한 대학이 서울
대라는 사실 하나만으로 여러 면에서 그를 보는 시선과
그에 대한 평가가 달라진다. 그러다 그가 자신이 졸업한
대학이 순천향대라며 너털웃음과 함께 말했다면, 긴장의

끈이 탁 풀려버린다. 혼자서 이런저런 생각을 했던 내가 괜히 우습기도 하다. 도대체 내 마음속에서는 이 짧은 순간에 무슨 일이 벌어진 것일까?

이런 불편한 감정은 어떻게 만들어졌을까? 왜 우리는 그들 앞에서 작아질까? 굳이 그들과 차이가 있다면 학교 공부를 잘하고 못했다는 차이가 있을 뿐이다. 학습 능력, 즉 성적의 차이가 자존감을 잃게 하는 모양이다. 우리는 성적의 차이에 따라서 사회적 능력의 차이가 벌어진다는 것을 자연스럽게 받아들인다. 심지어 삶에 대한 '노력'에서도 그들에게 졌다는 감정에 빠지기도 한다. 성적(成績)의 차이나 성적(性的) 능력의 차이 모두 우리를 부끄럽게 만드는 모양이다.

피아노를 잘 치는 사람도, 노래를 잘 부르는 사람도,
축구를 잘하는 사람도, 낚시를 잘하는 사람도,
바둑을 잘 두는 사람도, 책을 많이 읽은 사람도,
그림을 잘 그리는 사람도, 공부를 잘하는 사람도,
음식을 잘 만드는 사람도, 기타를 잘 치는 사람도,
게임을 잘하는 사람도, 잠을 잘 자는 사람도

모두 똑같이 잘하는 것이 하나씩은 있다. 하지만 우리에게 위에 있는 글씨의 크기는 똑같아 보이지 않는다.

피아노를 잘 치는 사람도, 노래를 잘 부르는 사람도,
축구를 잘하는 사람도, 낚시를 잘하는 사람도,
바둑을 잘 두는 사람도, **책을 많이 읽은 사람**도,
그림을 잘 그리는 사람도, **공부를 잘하는 사람**도,
음식을 잘 만드는 사람도, 기타를 잘 치는 사람도,
게임을 잘하는 사람도, 잠을 잘 자는 사람도

이렇게 글씨 크기를 다르게 써놓아야, 우리들 마음에 더 적합한 표현이 될 듯하다. 아니다. 이걸로도 부족하다.

공부를 잘하는 사람도, **책을 많이 읽은 사람**도,
피아노를 잘 치는 사람도, 노래를 잘 부르는 사람도,
그림을 잘 그리는 사람도, 축구를 잘하는 사람도,
음식을 잘 만드는 사람도, 바둑을 잘 두는 사람도,
기타를 잘 치는 사람도, 낚시를 잘하는 사람도,
게임을 잘하는 사람도, 잠을 잘 자는 사람도

이렇게 글씨 크기대로 배치 순서를 바꿔야 비로소 마음이 편해질는지도 모르겠다. 공부를 잘하는 그들 앞에서 우리들은 작아지고, 작아지고, 작아진다.

나도 갈 수 있었어

물론 다른 반응을 보이는 경우도 있다. 자신에게도 능력이 있었는데 기회를 놓쳐서 어쩔 수 없었다는 식이다. 초등학생 때까지는 공부를 아주 잘했는데 중학교 때 친구를 잘못 만나서라든가, 수능 날 배가 아파서 실력을 발휘하지 못했다든가, 학교 선생님 때문에 원서 접수를 잘 못했다든가 하면서 아쉬워한다. 심지어 하필 자기 때에 바뀐 대입 정책의 가장 큰 피해자가 자기 자신이라고 말하기도 한다. 이런 반응을 보이는 이유는 자신이 있어야 할 자리는 원래 그들과 동등한, 또는 비슷한 위치였음을 드러내고 싶기 때문이다. 그들 앞에서 작아지기 싫어서 선택한 참 못난 반응이다.

이런 반응은 서연고에 근접한 대학에 합격한 사람들에게 흔하게 볼 수 있다. 서강대, 성균관대, 한양대, 중앙대, 경희대, 외대, 이화여대, 서울시립대 졸업생들은 아주 작은 차이로 큰 차별을 받는 것을 억울해하며 "나도 갈 수 있었어"와 같은 이야기를 캡틴 아메리카의 방패처럼 휘둘러댄다. 기본적으로 자신의 자존감을 지키고 싶은 방어 수단이긴 하지만 이들의 방패는 공격용으로도 쓰인다. 자신의 안타까움을 강조하기 위해서라도 나쁜 친구 탓, 자신을 제대로 지원하지 못한 부모 탓, 무능력한 선생님 탓, 변덕스러운 입시제도를 탓한다.

조금은 소극적인 원더우먼의 방패도 있다. 상대적으로 입학 점수가 높은 인기 학과 학생들은, 자신에게 맞는 학과를 선택하기 위해서 서연고를 선택하지 않았다고 한다. 그렇게 서연고에 미치지 못한 자신의 학력 위계를 인기 학과를 통해서라도 지키고 싶어 한다. 물론 서연고의 인기 학과에 가지 못한 아쉬움까지 지워버리지는 못한다. 인기 학과 학생이 아니더라도 자신보다 낮은 점수의 학생이 서연고에 합격했다는 사례를 들면서 자신이 운이 없었을 뿐이라고 생각하는 학생들도 많다. 그들은 어떻게 해서든 자신의 능력이 충분했음을, 또는 자신이 단지 운이 조금 없었을 뿐임을 내세우고 싶어 한다.

부모 잘 만난 덕이지 뭐

또 다른 반응도 있다. 서연고 애들은 부모 잘 만나서 고생도 하지 않고 그저 공부나 잘한 연약한 존재일 뿐이라고 한다. 이들은 서연고라는 학벌을 돈으로 얻을 수 있는 것으로 치부한다. 고액 과외를 비롯해서 엄마가 이 학원 저 학원으로 모셔다주면서 만들어준 학벌이라는 것이다. 좋은 성적을 가진 친구 중에 자신이 할 수 없는 고액 과외를 받고, 유명 논술학원을 다니던 친구가 있다면 그들의 성취가 순수한 노력의 결과로 보이지 않을 것은 분명하다. 최근에는 학생부종합전형을 대비하기 위한 대입

컨설팅이 부르는 게 값이니 그런 의혹이 더욱 짙다.

　돈이 대학입시에서 중요해진 것은 신문 보도만으로
쉽게 확인할 수 있다. 「교육? 아 그거, 부의 '세습수단'
됐잖아」(시사IN), 「'금수저'만 남은 한국사회 '개천의 용'
은 어디로…」(한국경제), 「늘어난 서울대 수시전형, 최대
수혜는 '강남 3區'」(조선일보), 「대학 진학률, 성적 비슷
하면 가계소득이 좌우」(연합뉴스TV), 「저소득층·고소득
층 私교육비 격차 더 벌어졌다」(조선일보), 「특목고·자사
고 '서울대 합격률' 10년새 18% → 44% 급증」(서울신문)
「서울대 합격률 강남·강북 20배差…"부모 경제력 빼니
1.7배"」(서울신문). 모두 언론보도 기사 제목이다. 실력보
다는 불공정한 입시 때문에, 돈 많은 집안 자식이기 때문
에 서연고에 합격했다고 여길 수 있는 근거 자료는 차고
넘친다.

인간성이 안 좋아

또 다른 반응도 있다. 지금까지의 반응 중에서 가장
공격적인 반응일 듯싶다. 이들은 서연고 졸업생들을 삶의
어려움도 모른 채로 그저 오냐오냐 하는 부모 밑에서 공
부나 하면서 이기적으로 자랐다고 생각한다. 학교 선생들
도 학원 강사들도 그들을 편애하며 그들에게 '오냐오냐'

해서 그들의 인간성을 망쳐버렸다고 한다. 그들의 비인
간적이고, 싸가지 없는 행실에 대한 증언을 수없이 늘어
놓기도 한다. 그들에 대한 비난은 마치 그들이 이기적이
고, 못된 인간이기를 바라는 굿을 하는 것처럼 끝없이 이
어진다. 이 책도 신기 들린 무당처럼 그들의 못된 행실을
떠벌리고 들춰낼 것이다. 신나게 씹고, 뜯고, 맛보고 즐기
시길….

　　서연고를 졸업한 그들에 대한 우리들의 반응을 네
가지 유형으로 나누어 살펴보았다. 그들 앞에서 작아지기
만 하는 평범한 사람들, "나도 갈 수 있었어"라고 외치는
억울한 사람들, "부모 잘 만났을 뿐이야"라고 비판하는
사람들, "인간성이 안 좋아"라고 비난하는 사람들까지 그
들 앞에서 느끼는 우리들의 반응은 정상적이지가 않다.
서연고에 대한 사람들의 반응 유형을 비율로 만든다면
대충 다음과 같을 것이다.

　　당신은 어떤 유형인가? 그들 앞에만 서면 작아지는
사람들이 가장 많지 않을까 싶다.

네 가지 반응의 공통분모

그들에게 느끼는 네 가지 감정의 공통분모는 열등감
이다. 움츠러드는 마음은 물론이고, 그들의 약점을 찾아
서 흠집을 내고 싶은 마음까지도 우리들이 그들 앞에서
느끼는 열등감이 밑바탕에 놓여 있다. 열등감은 자기를
남보다 못하거나 무가치한 인간으로 낮추어 평가하는 감
정이다. 열등감은 기준이 없으면 생길 수가 없다. 누군가
와 비교해야 느낄 수 있는 감정이고, 비교를 하기 위해서
는 기준이 필요하다. 나는 야구 선수에게도 요리사에게
도 그림을 잘 그리는 사람에게도 열등감을 느끼지 않는
다. 나만이 아닐 것이다. 우리는 특정한 영역에서 뛰어난
능력을 보여주는 사람에게 열등감을 느끼지 않는다. 그
저 나와 다르기 때문이다. 관심이 다르고, 노력을 투자한
분야가 다를 뿐이다.

하지만 대한민국의 대부분의 사람들이 획일적으로
열등감을 느끼는 세 가지가 있다. 돈, 외모, 학력이다. 돈
과 외모는 아무런 노력 없이 그냥 물려받는 사람도 있다.
어쩌다 보니 부잣집 딸, 아들로 어쩌다 보니 남들이 부러
워하는 외모를 가지고 태어난 사람도 있다. 하지만 어쩌
다 보니 명문대에 입학한 채로 태어날 수는 없다. 공부하
기 좋은 환경에서 남들보다 적은 노력으로 명문대에 입
학하는 것은 가능하지만, 자신의 노력 없이 명문대에 입
학하는 것은 불가능한 일이다. 노력을 통해서만 획득할

수 있다는 점에서 학력은 돈이나 외모보다 열등감의 크기가 크다. 더군다나 20살 때 한번 정해진 학력은 바꾸기 어렵고, 잘 바뀌지도 않는다. 돈과 외모는 지속적으로 변하기 마련이다. 20살 때의 외모보다 30살 때의 외모가 더 멋지고 아름다워질 수 있다. 돈도 30살 때 가진 돈과 40살 때 가진 돈이 달라질 수 있다. 그래서 돈과 외모는 노력을 통해 변화가 가능하다고 생각할 수 있다. 물론 돈만 있으면 외모도 바꿀 수 있다. 하지만 학력은 고정불변이다. 사람들은 석·박사학위를 받은 대학보다 학사학위를 받은 대학을 더 눈여겨보기 때문이다. 심지어 졸업이 아닌 입학만으로도 서연고는 평생 우려먹을 수 있다. 학력이 주는 열등감은 극복할 기회조차 없는 것이다.

　서울대에 합격했으나, 힙합음악을 하기 위해서 입학을 포기한 사람은 서울대 합격만으로 사람들을 감동시킬 수 있는 엄청난 인생 스토리를 가지게 된다. 단국대에 합격했으나 힙합음악을 하기 위해서 입학을 포기한 사람은 조금 약하고, 전문대에 합격했으나 힙합음악을 하기 위해서 입학을 포기한 사람은 포기한 것이 없는 것으로 여겨진다. 도대체 서울대 합격만으로 우리 사회에서 가질 수 있는 것이 얼마나 많기에 우리는 이런 생각을 자연스럽게 할 수 있는 것일까? 그들 앞에서 느끼는 우리의 감정은 도대체 어떻게 만들어졌을까? 그들은 단지 공부를 잘해서 명문대에 합격했을 뿐인데 왜 우리는 그들 앞에서 작아지기만 할까? 아쉬워하지도 않고, 부러워하지도 않고, 부끄러워하지도 않고, 다른 사람들을 만날 때와 똑같이 그저 그 사람 자체로 만날 수는 없을까? 어째서 대한민국의 96%의 사람들은 학벌이라는 평생 벗어던지지 못하는 멍에를 지고 살게 되었을까?

그러고 보니, 김수희의 노래 중에 <멍에>라는 노래도 있다. 멍에는 수레나 쟁기를 끌기 위하여 마소의 목에 얹는 구부러진 막대다. 쉽게 벗어날 수 없는 구속이나 억압을 비유적으로 이르는 말로 자주 쓰인다. 이 책이 학벌이라는 멍에를 벗어던지는 데 도움이 되었으면 좋겠다.

산으로 가든가,
서연고에 가든가, 40억이 있든가

찌질이로 살든가, 천하대에 가든가

2010년 KBS2에서 『꼴찌, 동경대 가다!』라는 일본 만화를 원작으로 한 <공부의 신>이라는 드라마를 방영했다. 드라마는 원작 제목 그대로 공부를 포기한 꼴찌들이 최고의 명문대학에 합격하는 과정을 그리고 있다. 드라마에서 김수로 씨가 연기한 강석호는 망해가는 병문고를 살려내기 위해 최고의 명문대인 '천하대'에 학생을 합격시켜야 한다고 생각한다. 그는 천하대 특별반을 모집하기 위해 학생들을 강당에 모아서 연설을 한다. 다음은 학부모들의 열렬한 지지를 받은 강석호의 드라마 속 대사다. 드라마 속 천하대는 서울대를 나타낸다. 공부 안 하고 놀기만 하는 학생들에게 강력하게 훈계하는 마음으로 읽어보자.

"인생을 살면서 발린다는 거 패배한다는 게 뭔지 아냐? 속는다는 거다! 너희들은 말이다. 이대로 살다가는 평생 남들에게 속기만 하다가 끝날 거다. 이 사회에는 룰이라는 게 있다. 너희들은 이 룰 위에서 살 수밖에 없다. 이 룰을 누가 만들었겠냐?

똑똑한 놈들이다! 법률, 교육, 세금, 급여시스템. 똑똑한 놈들이 자기 살기 편한 대로 룰을 만든다. 허나 자기에게 불리한 점들은 어렵게 배배꼬아서 똑똑하지 못한 대부분 사람들은 절대 알 수 없게 만든다. 똑똑한 놈들은 이 룰을 이용해 평생 잘 먹고 잘산다.

반면 너희같이 멍청한 놈들! 머리 쓰는 게 귀찮기만 한 놈들은! 똑똑한 놈들에게 평생 속기만 하고!! 끊임없이 속기만 하다가!! 끝내는 패배한다. 너희같이 멍청한 놈들이 머리 좋은 놈들, 똑똑한 놈들에게 속지 않으려면!! 패배하지 않으려면!!

방법은 딱 한가지뿐이다. 공부. 공부뿐이다. 공부를 해라! 이 악물고 죽도록 공부해서 천하대에 가라. 너희들에게 답은 이것뿐이다. 그까짓 공부 하나 못한다는 죄로 한 마디도 못하고 웅크려 있는 너희야말로 진정한 멍청이가 아니고 뭐냐?

왜 고쳐보려고도 하지 않고 일찌감치 짓밟히려 하나? 왜 아무것도 하지 않은 채 머리를 텅텅 비어가느냐 말이다!!

뭐? 천하대 일류대 노래를 부르는 이 세상이 더럽다고?
돈 있고 빽 있는 놈들이 판치는 세상이 역겹다고?

그렇다면 너희가 룰을 만드는 사람이 되면 되지 않느냐?
뒤에서 불평만 늘어놓는 찌질이가 되지 말고 이 사회에!!
이 사회에 룰을 뜯어 고치는 사람이 되란 말이다!!

너희들 인생의 전환점이 눈앞에 있다 뛰어들어라!!
공부를 해라!! 천하대에 가라!!"

드라마는 짧은 시간에 최상위권의 공부 실력을 만
들 수 있는 비법을 통해 천하대에 합격하는 과정을 보여
준다. 하지만 제시되고 있는 공부 비법이라 봐야 대수롭
지 않은 것이고, 드라마는 그저 인물들 사이의 과장된 갈
등만 반복할 뿐이다. 우리가 중요하게 보아야 하는 부분
은 드라마 내용의 전제가 되는 이 대사다. 드라마가 이야
기하는 세상은 룰을 만드는 사람과 룰을 따르는 사람으
로 나뉘어 있다. 룰을 만드는 사람은 편하게 잘 먹고 잘살
고 있으며, 룰을 따르는 사람은 평생 속으면서 루저로 살
수밖에 없다. 룰을 만드는 사람이 되기 위해서는 천하대
에 가야만 한다.

억울하면 룰을 만드는 사람이 되라는 외침은 서울
대에 가지 못한 우리 모두를 뒤에서 불평만 늘어놓는 찌

질이로 만든다. 반면에 공부를 잘해서 천하대에 간 사람은 좋은 룰이든 나쁜 룰이든, 룰을 만들 수 있는 사람이 된다. 과연 천하대에 간 사람들이 정의롭지 못한 세상을 바로잡고, 잘못된 세상을 고칠 수 있기는 한 것일까? 실제 현실에서 대부분의 천하대 출신들은 자신들의 기득권을 강화하는 룰을 만들고 있을 뿐이다. 개천의 미꾸라지가 용이 된다고 해서 미꾸라지 편을 드는 경우는 드물다.

우리의 내면에도 서열화된 대학은 뿌리 깊게 자리 잡고 있다. '서연고 서성한 중경외시이 건동홍숙 국숭세 광명상가 한서삼'은 서울대와 연세대를 시작으로 서울에 있는 4년제 대학의 서열을 나타내는 말이다. 가로로 써서는 그 맛이 나질 않는다.

서울대

연세대, 고려대

서강대, 성균관대, 한양대

중앙대, 경희대, 한국외대, 서울시립대, 이화여대

건국대, 동국대, 홍익대, 숙명여대, 국민대, 숭실대, 세종대
+ 한양대에리카, 인하대, 아주대

광운대, 명지대, 상명대, 가톨릭대, 한성대, 서경대, 삼육대
+ 경기대, 인천대, 가천대

이렇게 위계를 알 수 있도록 써놓아야 우리들 머릿속 생각과 조금 더 가깝고 편안하다. 왠지 익숙한 감칠맛도 난다. 흔히 손꼽는 수도권 주요 대학도 함께 썼다. 어느 대학과 순서가 바뀌었다거나, 빠진 대학이 있다는 것은 중요하지 않다. 내용이 아닌 틀 자체가 문제이기 때문이다. 우리는 피라미드 세상에 살고 있다. 우리는 피라미드 구조의 맨 위에 있는 대학이 인생을 바꿀 수 있는 가장 확실하고 쉬운 기회라는 말을 들으며 자라왔다. 우리는 저 틀 속으로 들어가야 한다고 듣고, 보고, 배웠다. 물론 조금이라도 더 위에 있는 곳으로 가야 한다. 피라미드 세상 속에선 서울대와 연세대 그리고 고려대가 최고의 가치다.

WHY 왜 공부해야 하는가?

얼마 전까지 학생들 사이에 <WHY 왜 공부를 해야 하는가?>라는 제목의 동영상이 유행했다. 『스터디코드』라는 책을 쓰고, 같은 이름의 회사를 운영하는 조남호 대표의 강연이다. 공부에 대한 동기부여를 위해 제작된 이 동영상은 오직 서울대와 연고대를 가기 위해 공부

해야 한다고 이야기한다. 이 53분짜리 동영상에는 '서울
대'라는 말이 59번, 'SKY(서울연고대)'라는 말이 21번 나온
다. 한 번뿐인 소중한 인생을 멋있게 살기 위해서는 서울
대에 가야 한다고 줄기차게 이야기하고 있다. 그의 이야
기를 직접 들어보자. 아래는 22분쯤부터 시작되는 내용
이다.

> "강남에 영화에서 나오는 오피스텔 있지? 원룸. 크고 멋
> 있고, 안에 바가 있고 위스키 쫙 있고, 문을 열면 강남 바
> 닥이 쫙 보이고, 혼자 살았지 거기서. 스물 다섯 살, 여섯
> 살에. 욕실에 들어가면 뭔지 알아? 크~ **거품목욕, 딱 누
> 워가지고 창문을 보면 강남 테헤란로가 쫙 보인단 말이
> 야.** 읽지도 못하면서 뉴욕 타임스 보면서 음~. 아침이면
> 지하에 헬스클럽가요. 가면, 연예인들이 헬스하고 있어.
> 그때 당시 신화 이런 애들. …몇 백만 원짜리 양복 입고,
> 회사 가면 뭐 할 일도 없어요. …저녁 때 되면 직원들이랑
> 밥 먹으러 간단 말이야. 그런데 **나는 그때 삼겹살 소주
> 안 갔어. 야! 백만 원짜리 양복 입고 삼겹살에 소주 먹으
> 면 어떻게 하냐? 천민들이랑 어울리지 않았다고.** 삼겹살
> 어우~ 그때 당시에는 한 끼에 막 20만 원 하는 호텔 가서
> 와인 한 잔, 그리고 집에 가서 거품목욕. 이것이 인생이
> 야. 막 이렇게 살았다 말이야."

우선, 신랄한 비판을 하기에 앞서 내가 비판하는 대

상은 인간 조남호 씨가 아니라, 이 동영상 속의 조남호 씨
일 뿐임을 밝힌다. 그는 자신이 누린 부와 즐거움을 행운
이라고 한다. 다만, 그 행운은 서울대가 아니면 얻을 수
없는 행운이었다고 이야기한다. 서울대를 통해서 그가 얻
은 행운은 영화에 나오는 것 같은 도심 속 럭셔리한 오피
스텔이다. 먼저 학생들이 부러워할 만한 이야기를 매우
자극적으로 한다. 지저분한 방법이다. 이후, 그는 자신이
네이버에 입사할 수 있었던 것도 서울대 출신이기 때문
에 가능했고, 다른 회사들도 신입사원을 뽑을 때 서연고
만 뽑는다고 한다. 본인 스스로 학벌주의의 부당함에 항
의도 해보았으나, 기업 입장에서 시간과 비용을 아끼면서
확률적으로 괜찮은 사람을 뽑기 위해서는 어쩔 수가 없
다는 것을 이해하게 되었단다. 동영상의 39분부터는 정
말 가관이다.

"니네 정치인들 봐봐, 다 서울대 연고대야. 정치인들이
또 땡겨주는 거지. '선배님' 이러면, '어, 네이버 사장. 좋
네', 특혜·비리가 아냐. 내 후배니까 한 번 더 만나줄 거
아니야. 그래서 그냥 잘 만나주고 잘 대해주고 하다 보니
까 기업이 잘되는 거지. …SM 엔터테인먼트 이수만 사장
서울대 나왔어. 거기 임원진들 대부분 서울대 출신이야.
…박진영 어디 나왔게? 연대. 알았어? 그래서 또 JYP 쪽
은 서울 연고대가 많아요. 이런 식이야. 대한민국에서 니
네가 무슨 꿈을 갖든 간에 서울 연고대를 나오지 않으면

나중에 억울한 일을 당해. 어떤 억울한 일? 니네 원서가 발에 채여서 오른쪽으로 쓰레기 통으로 들어가는 거야. 이건 분노한다고? 분노해야지. 이건 엄연히 잘못된 거야. 알았어? 이 시스템이 싫어. 그럼 방법은 세 가지야. 첫 번째 그 시스템을 피해버려. '저는 싫어요. 저는 서울 연고대만 대우 받는 이게 싫어요.' 그럼 앙앙대면서 어디로 가면 되는지 알아? 그냥 머리 깎고 산으로 들어가. 사회에서 살면 분명히 니네가 험한 꼴을 봐. 억울한 꼴을 봐. 눈물 질질 짜 나중에.

내가 얼마 전에 만화가 지망생 후배를 만났어. 서울대한테 밀렸대. 심지어 만화가도 그래 요새. 니네 옷 디자인. 여자 애들 좋아하지? 예쁜 디자인. 서울대 이대 의상 디자인과 애들이 뭉텅이로 뽑혀가. 지방대에서 옷 진짜 잘 만드는 애들 말구. 우리나라 유명한 패션 회사들은 서울대 의류학과, 이대 의류학과가 다 잡고 있어. 서울대 이대 안 나오면 명함도 못 내. 내 후배 여자애들이 와서, 만화가 하는 애, 의상 디자인 하는 애들이 울면서 얘기하는 거야. 진짜 심한 말로 엑스 같다고, 진짜 좆같다고 사회가. 걔네들이 맨날 하는 얘기가 뭔지 알아? 자기 중고등학교 때로 돌아가면, 진짜 미친 듯이 공부해서 서울대 이대 아무 과나 들어간대. 이게 싫잖아, 그러면 머리 자르고 산으로 가. 앙앙대지마 제발. '싫어요 선생님. 저는 학벌주의 싫어요.' 어쩔 건데? 니네 힘 있어?

두 번째 방법. 이게 제일 현실적인 방법이야. 내가 원하는 방법. 이 시스템의 꼭대기로 올라가. 나중에 니네 후배들은 겪지 않게 무너뜨리면 되잖아. 내 인생의 비전 중에 하나가 뭔지 알아? 난 이렇게 할 거야. 사업으로 꼭대기에 올라가가지고, 내 후배들은 이런 일을 겪지 않게 만들 거야. 내가 부끄러워. 나는 서울대 나왔다는 하나만으로, 나는 십 몇 억을 벌 자격이 없어. 컴퓨터를 못 치니까. 나보다 잘하는 애들이 많다고. 걔네들이 더 인정받는 사회를 만들어야지. 나는 그럴 거야. 첫 번째 일단 나부터 먹고살고. 비열한 이야기일지는 모르겠지만 두 가지야. '아저 시스템 진짜 개 같애.' 이러면서 안 들어가도 돼. 난 들어왔어. 서울대 간판 따서 십 몇 억 벌었어. 난 몸 편해. 즐거워. 억울하지 않아. 내가 하고 싶은 거 맘대로 할 수 있어. 난 억울하지 않아. 네이버 들어가서 사업도 충분히 경험했어. 멋진 일 했어. 지식인 만들었어. 정보 평등 이뤘어. 너무 좋아. 사람들이 날 비난하겠지 '저 새끼 서울대 간판 가지고….' 할 수 없잖아. 미안하지만 난 살았어. 두 번째 내가 잘돼서 나중에 이런 거 안 되게 하면 되잖아.

마지막 세 번째 방법이 있다. 오늘 집에 가서 부모님한테 물어봐. 집에 유산이 얼만지. 집에 유산이 40억 이상 되면, 아무것도 안 해도 된다. 40억이야. 내가 정확한 수치로 말해줄게. 니네가 물려받을 게 현금 자산 기준으로

40억이잖아, 공부 안 해도 돼. 여기 올 필요 없어. 대학도
가지 마. 왜? 은행에 넣어놓잖아. 너네가 웬만한 지랄을
해도 40억이면 죽을 때까지 먹고살 수 있어. 40억보다 밑
에다. 그러면 니네가 쪼금만 지랄을 하면 금방 없어져. 알
았지? 오늘 집에 가서 물어봐. 진지하게. 엄마 아빠 돌아
가시면 나 얼마 줘요? 우리 집 유산이 40억이다. 그러면
오지 마.

**세 가지야! 시스템을 피해 머리 깎고 절에 들어가거나, 민
중 운동가가 돼! 길거리에서 플래카드 해! 특권 없는 사
회! 삼성 망해라, 해. 아니면 두 번째 삼성 이건희가 되어
서 고치면 되잖아. 세 번째 집에 40억 있나 확인해봐. 심
플하잖아!**

실업자가 100만 명이야. 니네가 10년 뒤에 그 100만 명
안에 들어간다고. 실업자들이 맨날 하는 소리가 뭔지 알
아? 얼마 전에 나왔어 '2580'에. 학벌! 그놈의 학벌. 나는
봐주지도 않는데, 내 원서는. 다 쓰레기통으로 들어간다
는 거야, 내 원서는. 한번 나랑 얘기라도 했으면 좋겠다
이거야. …니네 잘 들어. 그 사람들이 공통적으로 말하
는 게 뭔지 알아? 나한테 필요한 건 딱 하나. 타임머신. 중
고등학교 때로 돌아가면, 할 거라는 거지. 다시. 드러워서
간판 딴다 내가.

야, 대학은 인격 완성의 장도 아니야. 니네 대학 가면 공부 잘될 것 같애? 학문의 길? 지랄하지 말라 그래. 대학은 뭔지 알아? 간판이야. 수단이야. 도구야. 너무 충격적이야? 내가 그랬지. 다크 포스를 주겠다고. 까놓고 이야기하자고. 야, 니네 미적분 공부하면 인격이 막 수양돼? 서울대학교 1, 2학년생이 세계적인 발명했다는 얘기 들어본 적이 있어? 없어.

대학교 가면 공부하는 줄 알아? 한국에서 제일 잘 노는 애들이 어디게? 연고대 애들. 니네 연고전 들어봤어? 연대 고대 라이벌전 모르지? 해마다 맨날 있어. 경기하면서 막 응원전 하는 거 있어. 저기 신촌 일대가 마비돼요. 나는 그거 보면서 진짜 짜증났어. 지네가 전세 냈어? 서울 시내를? 엄청 잘 놀아. 연고대 애들이 미팅도 제일 잘해. 왜 이렇게 잘 노는지 알아? 야, 솔직히 연고대 애들이면 전교권에서 노는 애들이잖아. 니네 학교에서 가서 봐봐 전교권에서 노는 애들. 샌님들 아냐. 얘네가 왜 잘 놀게? 왜 놀게? 대학 가면 공부해야 될 거 아냐? 근데 왜 놀게? 첫 번째 대학 들어갔더니 공부할 필요가 없는 거야. 간판 딱 봐봐. 취직 보장돼 있어. 그러니까 노는 거야. 니네 지방대생들은 놀 수 있게 없게? 지방대생들 어때? 고등학교 때 진짜 잘 놀았던 애들이잖아. 대학 가면 왜 못 노는 줄 알아? 1학년 때부터 취업 공부해. 나 서울대 나왔잖아. 아까 말했지. 나 1학년 때 미팅만 하고 놀았어. 컴퓨터 공부도 안 했어. 네이버 들어가서 십 몇 억 벌었잖아.

자! 분명히 이건 잘못된 거야. 내가 니네한테 말하고 싶은 것은 잘못된 거에서 선택은 두 가지. 잘못된 걸 니네가 바꾸거나. 아니면 이걸 피해서 산으로 들어가거나. 아니면 나중에 10년 후에 2580에 나와서 억울해요~ 억울해요~ 이 말 안 하면 되는 거잖아."

서울대를 나온 조남호 씨에게는 서울대를 나오지 않은 사람들이 "앙앙"대면서 "억울해"하면서 "눈물이나 질질 짜"는 사람으로 보이는 모양이다. 쓰레기다. 자신의 돈벌이를 위해 학생들을 상대로 공부 동기부여라는 그럴듯한 이름을 달고, 마치 남들이 이야기하지 않는 진실을 이야기하는 것처럼 온갖 쓰레기를 내뱉어댄다. 어쩔 수 없다. 말이 거칠고, 감정적인 표현이 나올 수밖에. 이 글을 읽는 여러분이야 한 번 읽었을 뿐이겠지만, 나는 그의 이야기를 받아 적기 위해 수십 번을 듣고 또 들으면서 그대로 쓰기까지 했다. 그러니 오죽하겠는가? 정말 역겨워서 혼났다.

정치인이 기업인을 '땡겨'주는 게 특혜·비리가 아니란다. 그의 말처럼 특혜·비리가 아니니까 서로 땡겨주고 밀어주는 그들은 제대로 처벌도 받지 않는 모양이다. 그에게 민중 운동가(?)는 "삼성 망해라"를 외치는 "찌질이"

일 뿐이다. 이런 사회가 싫으면 앙앙대면서 산으로 가란
다. 산으로 가기 싫으면 엄마·아빠한테 40억 있냐고 물어
보라는 그의 말에 무슨 말을 더 할 수 있을까?

이 동영상을 보고 열심히 공부했는데도 서연고에 들
어가지 못한 학생은 어떻게 해야 하나? 그 학생은 평생을
서연고에 가지 못한 자신을 원망하며, 타임머신이나 생
각하면서 살아야 할 듯하다. 그의 말처럼 그냥 머리 깎고
산으로 가는 게 제일 좋을지도 모른다. 억울한 꼴, 험한
꼴을 안 당하려면 어쩔 수 없다. 이 동영상을 보고 서연
고에 간 학생들은 어떨까? 자신이 서울대 다닌다고 뻐기
면서 신나게 놀고, 미팅이나 실컷 하다가 졸업할 것이다.
그런 그들이 높은 자리에 가면 과연 잘못된 학벌 사회를
바꾸기 위해서 작은 노력이라도 할까? 어림없다. 이 동영
상을 보고 열심히 공부해서 서울대 간 학생은 조남호 씨
처럼 쓰레기를 내뱉는 사람이 되지 않을까? 자신의 노력
으로 얻은 특권을 마음대로 휘둘러대면서, 자신의 이익
을 위해 수단과 방법을 가리지 않는 그런 사람이 될 가능
성이 높지 않을까?

그는 자극적인 말들로 학생들의 자존심을 긁어대면
서, 서울대와 몇몇 명문대만이 세상을 행복하고 편하게
살기 위한 유일한 길이라고 힘주어 말한다. 아마도 그는
극단적이고 자극적인 말들이 학생들을 공부하게 만들기

위한 불가피한 선택이라고, 단지 학생들에게 공부를 할
수 있는 자극적인 표현이 필요했을 뿐이라고 변명을 하고
싶을지도 모른다. 하지만 설마 그는 몰랐을까? 자신의 강
연이 극소수의 학생을 제외한 대다수의 학생들을 패배자
로 만들고 있음을. 잘못된 구조로 인해 만들어진 서연고
의 특권을 마치 개인의 노력으로 순수하게 얻어진 것처럼
인식하게 만들고 있음을. 돈 없는 부모 때문에 자신이 고
생해야 한다고 생각하는 학생들이 생길 수 있음을. 잘못
된 세상을 더욱 삐뚤어지게 만들고 있음을 그는 정말 몰
랐을까?

억울하면 성공해서 바꾸라는 논리는 <공부의 신>
드라마와 똑같다. '억울함'은 아무 잘못 없이 피해를 당해
분하고 답답한 마음이다. 억울한 사람이 없어야 정의로
운 사회다. 따라서 억울하면 바꿔야 한다. 억울한 사람이
없는 사회를 만들기 위해 뜯어고쳐야 한다. 누가 뜯어고
쳐야 할까? 억울한 사람이다. 자신이 겪은 억울함을 자식
들에게 물려주지 않기 위해서 자신이 피해를 당하더라도
뜯어고치기 위해 나서는 것이다. 많은 사람들이 조금이나
마 더 행복하게 살 수 있는 룰은 서울대를 졸업한 그들이
아니라, 억울한 우리가, 찌질이인 우리가 만들어왔다. 비
정상적인 사회를 바로잡아가는 것은 서울대의 똑똑한 분
들이 아니라 불평·불만을 분노로 바꾼 찌질이들이다. 지
금까지 잘못된 룰을 고쳐온 것은 똑똑한 분들의 머리가

아니라, 찌질이들의 피와 땀이었다.

그런데 조남호 씨는 잘못된 사회를 바꾸기 위해서는
자격이 필요하단다. 서연고를 통해서 사회 시스템의 꼭
대기에 올라가야 잘못된 것을 바꿀 자격이 있단다. 그에
겐 잘못된 사회를 뜯어고치기 위해 길거리에 나선 억울
한 사람들이 앙앙대면서 불평불만이나 늘어놓는 사람으
로 보이는 모양이다. 억울하면 성공하라는 논리는 부당한
세상의 룰을 더욱 튼튼하게 만든다. 그는 불평등하고 불
공정한 룰을 변경하려면 자격을 갖추어야 한다는 잘못된
논리를 매우 그럴듯하게 유포하고 있을 뿐이다. 억울해도
자격이 없으면 '찍'소리도 말라는 말인가? 아니다. 잘못된
시스템을 바꾸기 위한 자격 따위는 없다.

더 놀라운 것은 이 동영상의 조회수가 70만이 넘는
다는 점이다. 쓰레기 같은 말만 넘쳐나는 이 동영상을 5
년 동안 70만 명이 봤다. 대략 5년 동안 매년 14만 명이
본 것이다. 한 해 고등학교 졸업자는 50만 명 정도다. 전
국 고등학생 25%가, 4명 중 1명이 이 동영상을 본 셈이
다. 그의 동영상은 학벌 사회가 만들어낸 부끄러운 결과
물이다. 이 글이 논란이 돼서 그가 이 동영상을 내리면서
사람들에게 사과라도 했으면 좋겠다.

행복은 성적순이 아니지만 성공은 성적순이다

다음의 그림은 학용품 제작업체에서 만든 노트 표지다. 많은 시민단체가 문제제기를 하여 업체 측은 노트를 전량 회수하겠다고 했다. 혹시 공부하는 노트에 공부 열심히 하라고 쓰여 있는 게 뭐가 이상하냐고 하는 사람들도 있을 듯하다. 하지만 이 노트에 있는 말들은 모두 세상을 이분법적으로 단순하게 나눈다. 공부를 잘하는 것은 성공과 부유함, 여유와 인기를 가질 수 있다. 공부를 못하는 것은 가난과 실패를 나타내며, 인간관계마저 어렵게 한다. 이성에 대한 삐뚤어진 시선을 가지게 하는 것은 보너스다. 혹시라도 이런 메시지를 내면화하고 공부를 열심히 한 학생이 서울대에 가면 어떻게 될까? 그 학생은 사람을 대학에 따라 나누는 것을 당연하게 여기게 되지는 않을까?

어른들에게 자주 듣는 말들도 이와 별반 다르지 않다. "그래도 인서울 4년제는 가야지?" "어지간한 대학에 갈 바엔 그냥 고등학교 졸업하자마자 취직이나 해!" "지훈이는 연세대 나와서 삼성에 취직했다더라." "엄마 아빠가 왜 이렇게 고생하고 있는 줄은 아니?" 등 모두 대입이 인생을 결정해버린다는 표현들이다. 우리는 10년 가까이 이런 이야기를 집에서, 학교에서, 학원에서 귀에 못이 박히게 들으며 자랐다. 대학이 삶을 결정지을 것이라는 말은 지겹도록 반복된다.

더 큰 문제는 우리들 스스로 이런 이야기를 확대재생산하고 있다는 것이다. 우리는 조금이라도 더 좋은 대학에 가기 위해 공부를 열심히 하게 만드는 격언들을 책상 위에 붙여놓기도 했다.

"지금 이 순간에도 적들의 책장은 넘어가고 있다!"
"졸리면 자라, 서울대는 너를 버려도 서울역은 너를 받아줄 것이다."
"행복은 성적순이 아니지만 성공은 성적순이다."
"거울 보고 울지 마라, 공부하기 딱 좋은 얼굴이다."
"2호선을 타자!"
"대학 가서 실컷 놀아라!"
"니 성적에 잠이 오냐?"

위에 있는 말들 중에 서울역은 노숙자를 나타내는 대유적 표현이다. 2호선도 서울대, 연세대, 서강대, 이화여대, 한양대, 홍익대, 건국대 등을 나타낸다. 세상을 배우는 가장 중요한 시기인 중고등학교 때 우리는 대학이라는 단 하나의 목표만을 추구하며 산다. 다른 다양한 가치는 대학 앞에서 수단이 되거나, 불필요한 것이 되고 만다. 대한민국의 대입은 소수의 명문대생을 위해 다수의 학생을 루저로 만든다. 명문대에 합격한 소수는 특권을 누려도 되는 것처럼 만들고, 그렇지 못한 다수에게는 열등감을 심어놓는다.

대학을 졸업한 이후에도 서연고의 압박은 계속된다. 대학 졸업 이후까지 끈질기게 대학 졸업장은 나의 가장 중요하고 핵심적인 경력이 되어 따라다닌다. 현실이 이렇다면 서울대를 가기 위해서 공부를 해야 한다고 주장하는 동영상이, 꼴찌를 명문대에 보내기 위해 노력하는 드라마가, 공부를 못하면 이성에게 인기를 얻을 수 없다고 하는 노트가 이상할 수가 없다. 대한민국에서만큼은 매우 정상적이고 훌륭한 메시지를 전해주고 있는 것이다.

사람을 가르는 쉬운 기준

이게 공정하냐?

게임을 하나 만들어보자. 가위·바위·보로 결과를 겨루는 게임이다. 단, 처음 한 판을 이긴 사람은 다음 판부터 비긴 판도 이긴 것으로 한다. 그러면 첫 판을 이긴 사람이 이길 확률은 2/3으로 늘어난다. '이김', '비김', '짐'이 '이김', '이김', '짐'으로 바뀌기 때문이다. 비겨도 이긴 것이라니 말도 안 된다. 하지만 현실은 이렇다. 같은 능력을 가진 사람이 있으면 서연고를 뽑는 사회다. 비겨도 이긴 것이다. 대한민국에서 기회는 결코 평등하지 않다.

심지어 처음 한 판을 진 사람에게 가위·바위·보를 먼저 내게 한다면 이길 확률은 거의 없다. 게임의 상대방을 이길 수 없게 만든 불공정한 게임이다. 이런 불공정한 게임은 첫 판에서 승부가 결정되어 그 뒤에 아무리 노력을 해도 결과를 뒤집을 수가 없다. 하지만 현실은 이런 불공정한 게임보다 더 무섭다. 단지 '가위바위보'라는 게임에서 단 첫 판만을 졌을 뿐인데도 '가위바위보' 게임뿐만이 아니라, 다른 모든 영역에서 상대방을 이길 수가 없는 것이 현실이다.

대한민국에서 벌어지는 인생 게임은 이와 같다. 불공정하기가 이루 말할 수가 없다. 대한민국 인생 게임의 그 모든 것을 결정짓는 첫 판이 바로 대입이다. '가위바위보' 게임을 '국영수' 게임으로 바꾼다면 첫 판의 결과가, 다른 게임에서 다른 능력을 선보일 기회조차 빼앗아 가 버리는 것이다. 반면 첫 판을 이긴 사람에게는 수많은 기회가 주어진다. 그들은 단지 '가위바위보' 게임을 이겼을 뿐인데도 다른 게임에서도 뛰어난 능력을 인정받아 다른 게임 참가자보다 유리한 조건으로 게임에 참가할 수 있다.

서연고 세상

학벌이라는 말은 학문을 닦아서 얻게 된 사회적 지위나 신분을 나타낸다. 또한 출신 학교 자체의 사회적 지위나 등급을 나타내기도 하고, 그들끼리 이루는 파벌을 나타내기도 한다. 학벌의 벌(閥)은 문벌이나 가문을 나타내는 말로 흔히 지체 높은 분의 '지체'에 해당하는 말이다. 학벌은 신분제 사회가 대학을 연결고리로 이어지고 있음을 나타내는 말인 셈이다. 대한민국은 출신 학교가 사회적 지위나 신분을 결정하는 학벌 사회다. 2016년 11

월 3일 한겨레의 「'학벌타파'에 헛심 쓰다 '금수저 세습'
불렀다」를 보면, 최근 20년간 국회의장, 대법원장, 국무
총리, 헌법재판소장, 부총리, 장관의 50% 이상이 단 하나
의 대학 출신이 차지했다. 물론 서울대다. 법원, 검찰의 2
급 이상 최고위직의 70% 이상도 서울대 차지다. 고위공
무원 1,411명 중 서연고 출신은 780명으로 전체의 55%가
넘는다. 대법원이 2016년 신규 임용한 경력 법관 가운데
84%, 20대 지역구 국회의원 253명 중 122명이, 500대 기
업 CEO의 절반이 서연고 출신이다. 학벌 공화국이자 서
연고 세상인 셈이다.

　　대한민국에서 사람을 가르는 가장 쉬운 기준은 대
학이다. 졸업한 대학에 따라 사회적 위치가 정해지기 때
문이다. 사교육의 문제가 좀처럼 사라지지 않는 것도 교
육 자체의 문제가 아니라 학벌 중심의 사회구조 때문이
다. 학벌 공화국은 대학 서열화를 통해 유지될 수 있다.
더 좋은 교육을 위해서가 아니라, 자신들의 특권을 유지
하기 위해서 그들에게 점수에 따른 학력 위계는 꼭 필요
하다.

　　서울대에 합격한 학생은 연세대를 무시한다. 연세대
는 중앙대를, 중앙대는 건국대를 무시한다. 그렇게 서열
상 자신보다 아래에 있는 대학을 무시해야만 자신의 노
력으로 일구어낸 성과가 더욱 빛이 나기 때문이다. 조금

이라도 더 높은 서열의 대학을 입학하기 위해 노력하던 학생들은 대학에 입학한 후에도 자신의 서열을 증명하기 위해서 노력한다.

그들은 심지어 대학 내에서도 서열을 만들어낸다. 연세대 커뮤니티 '세연넷' 게시판에는 같은 대학에 다니는 학생들을 진골, 성골, 6두품과 같은 신라시대 골품제를 나타내는 말로 구분한 글이 올라왔다. 같은 대학에 다니는 학생들을 입학 방법과 가정환경의 우열을 바탕으로 신분을 표시한 것이다. 최근엔 힌두교 카스트 제도에 비유한 표현도 등장했다. 그들은 어떻게 해서든지 사람을 가르고 나누어 평가한다. 어쩌면 그들은 신분제 사회로 돌아가기를 바라고 있는지도 모른다.

예전에는 학벌이 전제되어 있는 전문직 남성과 결혼을 하기 위해서는 아파트, 자동차, 개업 사무실의 3개 열쇠가 필요하다는 자조 섞인 농담이 오가기도 했다. 겉으로 드러나는 결혼 조건 1위는 항상 '성격'이다. 하지만 눈에 보이지 않는 성격보다는 외모가, 외모보다는 학벌과 직업이 우선적인 판단 기준이 되는 경우가 훨씬 많다. 순수한 '사랑'을 더럽히는 것 같은 이런 기준은 막강한 영향력을 가지고 있다. 그리고 막연하게 생각하고 있던 그 학력에 점수를 매기는 일이 놀랍게도 진짜 현실에 나타났다. '사교육걱정없는세상'은 "결혼정보회사들이 출신 대

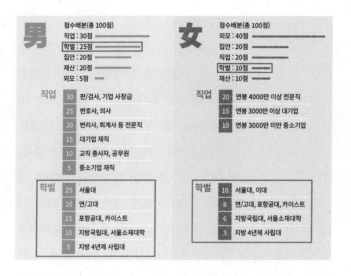

학에 따라 등급을 적용해 학벌 사회를 부추기고 있다"며 한 결혼정보업체의 회원 평가 기준표를 제시했다. 이 중 '학벌'은 남자의 경우 25점, 여자의 경우 10점 만점으로 평가되며 학교마다 구체적인 점수가 매겨져 있다. 서울대 출신 남성은 25점, 지방사립대 출신 남성은 5점으로 평가되는 식이다.[1] 아! 서울대는 25점 만점에서 25점이다. 지방대는 5점! 2015년 기준으로 결혼정보업체 두 곳의 매출액만 480억이 넘는다고 하니, 이런 점수를 기준으로 결혼 대상자를 만나는 사람이 적지 않은 모양이다.

1   국민일보 2016.05.12 「서울대·이대 나온 여자는 10점 만점? 결혼정보회사 '학벌 점수표'」

사람대접 받으려면 이라니

서연고 세상은 고위직의 절반을 명문대를 졸업한 사람들이 차지하고 있는 것보다 학력을 서열로 만들어 점수로 회원을 평가하는 결혼정보회사보다 더 암울하다. 여론조사 결과 국민 10명 중 8명은 "학벌이 인생을 결정한다"고 여긴다. 학력은 좋은 일자리, 높은 임금, 행복한 결혼생활 등 인생의 주요 변곡점마다 절대적인 영향을 미치는 것으로 인식됐다. 한국 사회가 여전히 학벌의 늪에서 헤어나지 못하고 있는 것이다. 교육 정도(학력)가 무엇을 의미하느냐는 질문에 절반 이상인 58.9%가 '출신 학교'를 꼽았고, '우리 사회에서 사람대접 받으려면 대학을 나와야 한다'(85.7%)거나 '미래를 위해서라면 편입·재수를 해서라도 좋은 대학에 가는 것이 낫다'(71.1%)고 생각한 사람도 다수였다. 다수의 응답자는 '학벌이 입사에 영향을 미친다'(92.9%), '학력이 좋을수록 좋은 직업을 구하기 쉽다'(88.1%), '학력이 좋아야 수입도 많다'(79%)고 여겼다.[1]

학력이 취업이나 월급에 영향을 미친다는 것은 받아들인다고 해도, '사람대접 받으려면'이라는 말은 무슨 말일까? '사람대접'은 다른 사람에게 부러움을 받는 높은 위치를 가져야 받을 수 있는 모양이다. 누군가가 내 앞

---

[1] 한국일보 2014.12.08 「국민 76% "학력이 인생 결정"… 학벌 사회 해소책 무기력」

에서 눈치를 보며 내 말에 주의를 기울여야 '사람대접' 제
대로 받았다고 할 수 있는 것일까? 그렇다면 학력은 그런
사람대접을 받을 수 있는 가장 확실한 방법이다. 실제 우
리는 자신도 모르게 학력으로 사람을 대하는 경우가 많
다. 대학 졸업장은 각종 이력서와 경력을 나타내기 위해
종이에 적어놓는 것으로 끝나지 않는다. 대학 졸업장은
우리들 마음 깊숙한 곳에서 오랜 시간 동안 일상적으로
우리들을 얽어매고 괴롭히고 있다.

　　이 땅의 학부모의 상당수는 20년이 넘도록 대학 졸
업장이 가진 힘을 온몸으로 느끼며 살았다. 명문대를 졸
업한 엄마 아빠는 자식도 자신과 같은 수준의 대학에 입
학하기를 원한다. 대학을 졸업하지 못했거나 지방대나 전
문대를 나온 엄마 아빠는 자신이 이루지 못한 명문대학
졸업장의 꿈을 자식이 이루기를 바란다. 이것은 명문대가
사회생활에 유리하다는 통계 때문이 아니다. 일상 속에
서 온 마음으로 '사람대접 받으려면' 반드시 좋은 대학을
나와야 한다는 것을 느끼고 있기 때문이다.

　　우리는 다른 사람을 대하는 태도와 자세, 마음가짐
조차도 그가 졸업한 대학에 따라 달라진다. 잘못된 학벌
중심의 사회에 대해서는 한목소리로 비판하고 있는 우리
들도 일상에서는 대학에 의한 차별을 당연하게 받아들
인다. 아파트 경비 아저씨가 고려대를 나왔다고 하면 다

른 경비 아저씨와는 전혀 달라 보일 것이다. 어눌한 학원 강사가 서울대를 나왔다고 하면 왠지 그의 수업의 가치가 다르게 느껴질 수도 있다. 클럽에서 만난 남자나 여자가 연세대를 다니고 있다고 하면 왠지 더 멋져 보일지도 모른다. 초등학생인 딸아이 친구의 엄마가 이화여대를 나왔다고 하면 그녀의 말 한마디에도 주의를 기울이게 되지 않을까? 학벌 사회의 삐뚤어진 모습이 우리들의 일상 속에도 뿌리 깊게 자리 잡고 있다.

우리들은 생활 곳곳에서 학벌로 인한 스트레스를 받고 있다. 서연고의 환상은 '사람대접'을 못 받은 경험이 만들어냈다. 단지 졸업한 대학 이름만으로 무시당하고 쉽게 평가받는 현실이 '사람대접 받으려면' 서연고를 나와야 한다는 이야기를 만들었다. 자신도 모르게 잘못된 현실을 바꾸기보다, 잘못된 현실에 자신을 맞추고 있는 것이다. 우리는 마치 서연고를 우러러보게 만드는 최면에 걸려 있는 것 같다. 서연고 출신 앞에서는 그가 하는 말을 곱씹어보기도 하고, 내가 하려던 말도 한 번쯤 다시 되새겨보게 된다. 우리들에게 사람에 대한 판단 기준 중 가장 쉽고 편한 것이 대학인 셈이다.

옆집 아들이 서울대에 갔다고 자랑스럽게 이야기할 때 자식 잘 키웠다고, 성공했다고 이야기해주는 것이 자연스러운 세상이다. 내 아들이 남서울대에 합격한 사실은 숨기고 싶어진다. 부끄럽기 때문이다. 잘못한 일도 없는데 부끄럽다. 하지만 옆집 아들이 서울대에 합격했다고 이야기할 때, 내 아들도 남서울대에 합격했다고 아무렇지 않게 이야기할 수 있는 세상이 더 정상적인 세상이 되기를 바라는 마음 굴뚝같다.

사람들을 획일적인 기준으로 줄 세워서 배타적으로 자신의 위치를 확인하고자 하는 의식은 대학을 넘어 직장으로, 연봉으로, 타고 다니는 자동차로, 사는 집으로 이어진다. 사람들은 자신이 가진 것에 만족하지 못하고 끝없이 더 높은 수준으로 올라가려고 한다. 또한 자신보다 낮다고 생각하는 직장, 연봉, 자동차, 집에 대해서는 상대적인 우월감을 갖는다. 중고등학생 때부터 시작된 대입 성공 신화에 대한 동경이 평생에 걸쳐 영향을 미치고 있다.

부끄러운

2

서연고

국민을 바라보는
그들의 시선

서연고 출신들의 나쁜 언행을 신나게 씹고, 뜯고, 맛보고 즐기기 전에 내가 좋아하는 서연고 출신을 잠깐이나마 소개하고자 한다. 최근 서연고 출신 중에 내가 가장 좋아하는 사람은 서울대를 나온 유시민 작가와 박주민 의원, 연세대를 나온 봉준호 감독이다.

유시민 작가는 <썰전>을 통해서 복잡한 정치문제를 시원하게 정리해주면서 인기가 높았다. <알쓸신잡>이라는 프로그램에서도 다양한 시각에서 그야말로 잡다한 지식을 편하게 이야기해준다. 나는 무엇보다 그가 쓴 책이 제일 부럽다. 쉽고 편하게 깊이 있는 이야기를 들을 수 있는 그의 책은 글쓰기가 어떠해야 하는지를 잘 보여준다. 그는 국회의원으로, 보건복지부 장관으로 정치에도 참여하였지만, 작가로서의 유시민이 가장 잘 어울리고 멋지다.
박주민 의원은 '거지갑 국회의원'으로 불린다. 책상 위나 길거리에 노숙자처럼 자는 모습의 사진은 유명하다.

국회의원이 되기 전 그의 별명은 '거리의 변호사'였다. 그는 밀양 송전탑, 제주 강정마을, 쌍용자동차, 양심적 병역거부자, 그리고 세월호까지 항상 힘없이 당하는 사람들 곁에 있다. 박주민 의원에 대해서 더 이상 쓸 수가 없다. 왠지 나를 한없이 부끄럽게 만들기 때문이다.

봉준호 감독은 내가 제일 좋아하는 영화 <괴물>의 감독이다. 봉준호 감독은 개인적인 선호와 상관없이 한국을 대표하는 멋진 감독이 분명하다. <살인의 추억>과 <마더>도 훌륭하다. 얼마 전 개봉한 <옥자>는 삼겹살을 좀 더 먹고 봐야겠다 싶어서 못 보고 있다.

어디 이들뿐이겠는가? 이낙연, 조국, 심상정, 김진애, 유홍준, 박완서, 이청준, 김창완, 이동진 모두 서울대 출신이다. 나영석, 김동률, 안치환, 백종원, 전현무, 김영하, 정봉주는 연세대 출신이고, 김종진, 박지선, 노회찬, 김용옥, 박시백, 김태호, 양지열, 손수호는 고려대 출신이다. 모두 각자의 영역에서 최선을 다하는 훌륭하고 멋진 사람들이다. 이렇게 유명한 사람들이 아니더라도 서연고 출신의 훌륭하고 멋진 사람들은 정말 많다. 이들은 자신의 학력에 기대지 않고, 자신이 하고 싶은 일을 위해서 열심히 노력하면서 사는 사람들이다. 하지만 위에 열거한 사람들은 이 글의 목적과 전혀 상관없는 사람들이다. 그럼에도 이렇게 언급한 이유는 혹여나 서연고 출신들이 모두 쓰레기 같은 사람은 아니라는 점을 분명하게 하고 싶었기 때문이다. 앞으로 이야기할 나쁜 서연고 출신에 대해 마음 놓고 비판을 하기 위해서기도 하다. 서연고에 대한 열등감에 사로잡혀 서연고의 나쁜 면만 부각하는 이상한 사람이 아니라는 것을 밝히기 위한 안전장치인 셈이다.

'부끄러운 서연고Ⅰ, Ⅱ, Ⅲ'은 주관적인 의견과 객관적인 사실을 명확하게 구분하기 위해서 가능하면 언론보도 내용을 고스란히 담았다. 사람들에게 상처를 주는 말을 일삼고, 자신의 잘못된 인식과 발언에 대한 반성도 할줄 모르고, 심지어 범죄를 저지르고도 부끄러움을 모르는, 그리하여 그들을 바라보는 우리를 오히려 부끄럽게 만드는 부끄러운 그들을 소개한다.

국민들이 이상한 그 레밍 같다는 생각이 드네요

김학철 의원은 충북 도의회 의원이다. 그는 2017년 7월에 다른 도의원 3명과 함께 유럽으로 연수를 떠났다. 이들이 떠나기 하루 전 충북 도의회는 기자회견을 갖고 '수해 지역을 특별재난지역으로 지정해줄 것'을 정부에 요청했다.[1] 22년 만에 내린 대형 폭우로 인한 피해가 컸기

1　　서울신문 2017.07.18 「충북 도의원들, 최악의 '물난리'에 수해 복구 대신 해외연수 떠나」

때문이었다. 충청도는 대형 폭우로 공사 중인 수도관이
유실되고, 자동차가 떠내려가고, 둑이 무너지고, 다리가
무너져 내렸다. 상하수도 60곳, 도로 42곳, 하천 146곳,
산사태 32.55ha, 차량 침수 1379대, 주택 침수 1375채, 농
작물 3488ha 등의 피해가 났다. 또한 7명이 목숨을 잃었
다.[1] 도의회 차원에서 특별재난지역 지정을 요청할 정도
로 피해가 심각한 상황인데도 이들은 다음 날 유럽으로
떠난 것이다. 그것도 국민들의 세금으로 말이다. 해외 연
수라고 했지만 '이들의 방문지역은 파리 개선문, 로마시대
수로, 모나코 대성당, 피사의 사탑, 페라리 광장 등 관광
명소 탐방이 대부분'[2]이었다. 국내에서 비난 여론이 일었
다. 2명은 곧바로 귀국했다. 하지만 김학철 의원은 돌아오
지 않았다. 그는 비행기 표를 구하지 못해서 바로 돌아올
수가 없다고 하였다. 여기까지는 큰 문제가 아닐 수도 있
었다.

그리고 그는 유럽에서 KBS와의 전화 인터뷰를 통
해 "이건 뭐 아이, 그 무슨 세월호부터도 그렇고, 이상한
우리 국민들이 이상한 이런 저기 그… 제가 봤을 때는 뭐
레밍 같다는 생각이 드네요. 레밍. 스칸디나비아 반도에

---

1   한겨레 2017.07.21 「"국민은 설치류" 비하 발언 김학철 의원 22일 귀국」

2   국민일보 2017.07.23 「'레밍 발언' 김학철, 수해 복구 불참… "그 분들이 반
      기겠나?"」

사는 그 집단행동 하는 설치류 있잖아요"라고 말했다. 레밍(lemming)은 '집단 자살 나그네쥐'로 불리는 설치류다. 우두머리 쥐를 따라 맹목적으로 호수나 바다는 물론이고, 어디든 달리는 습성이 있다. 그의 발언은 그가 국민들을 '아무 생각 없이 몰려다니며 집단행동이나 일삼는' 집단으로 보고 있다고 생각하기에 충분했다. 그의 레밍 발언은 큰 파장을 불러일으켰다. 이후 돌아온 김학철 의원은 국민들에게 사과를 하면서도 "일부 발언이 교묘하게 편집된 것 같아 억울"하다며 "일종의 함정 질문에 빠진 것 같다"고 했다.[3] 레밍에 대한 발언은 언론에 대한 것이었지, 국민에게 한 말이 아니었다고 주장했다. 하지만 이후 공개된 KBS의 녹취록을 확인해본 결과 분명 국민들을 레밍에 비유했고, 기자의 함정 질문도 없었다.[4]

　이후 김학철 의원은 자신의 페이스북에 1만2700여 자에 이르는 장문의 해명 글을 올렸다. 길고 긴 그의 해명 글은 흡사 자서전 같았다. 그는 "경비원을 하셨던 아버지"와 "그 남편을 큰 아이가 13살 되던 해 하늘로 떠나보낸 어머니 사이에서" 태어난 장남이었다. 어려운 중고등학교 시절에 "나 같은 아이를 만들지 않는 세상"을 만들

3　연합뉴스 2017.07.22 「"레밍 발언 억울… 외유 매도 서운" 고개 세운 김학철」

4　동아닷컴 2017.07.24 「김학철 "언론이 레밍" VS KBS 녹취록 공개 "국민이 레밍"… 거짓 해명 '논란'」

기 위해 정치가가 되고 싶은 꿈과 목표를 가지게 되었고,
그래서 정치외교학과에 진학한다. 그는 "거짓말을 평생
안 해보고 살았다면 거짓말이겠지만 양심껏 살아왔고 남
을 기만하려고도 안 했으며, 술자리서 내뱉은 말이라도
어린아이에게 한 약속이라도 결코 가볍게 보지 않고 살
아오려고 노력한 사람"이기도 하다. 평범하고 아름다운
성장담이다. 이런 그에게 도대체 무슨 변화가 있었을까?

    김학철 의원은 충북에서 열린 '제1차 탄핵 무효 충
북 태극기 집회'에 참석한 자리에서 "광우병보다 더한 광
견병이 떠돌고 있습니다. 어디에? 대한민국 국회에! 대한
민국 언론에! 대한민국 법조계에! 이 미친 광견병들이 떠
돌고 있습니다. 개가 사람을 물면 어떻게 해야 됩니까? 애
완견은 타일러 주어야겠지만, 사람에게 위해를 가하는 미
친개들은 사살해야 됩니다. 대한민국 국회에 250마리의
위험한 개새끼들이 있습니다"라는 발언을 했다.[1] 그에게
는 탄핵에 찬성한 국회의원들과, 최순실의 태블릿 PC를
보도한 손석희 앵커, 그리고 탄핵심판을 선고한 이정미
헌법재판관이 '미친개'로 보인 모양이다. 물론 그 미친개
에게 물린 '사람'은 박근혜를 비롯한 국정농단 세력이다.
연단에서 마이크를 잡고 흥분한 사람들 앞에서 한 발언
이니 좀 과격한 표현을 사용한 듯하다. 하지만 '미친개'니,

---

1   국민일보 2017.07.21 「"국회 250마리 미친개 사살해야" 김학철 막말 재조
     명」

'사살'이니 하는 과격한 발언을 빼놓고 보아도 그의 정치적 인식은 답답하고 짜증스럽다. 어떻게 해서 갑질을 당해도 아무 말도 못 하던 어머니를 보며 눈물을 흘리던 소년이, 가진 것 없는 사람들이 행복한 세상을 만들겠다고 다짐하던 청년이 기업의 이익을 대변하고, 기득권의 가치를 옹호하는 보수 정당의 의원이 되어, 탄핵을 받은 대통령을 비롯한 국정농단 세력을 편들게 되었을까?

그는 해명 글에서 이번 유럽 연수는 외유가 아니었음을 밝히기도 했다. "평소 우리 충북과 제 지역구 충주의 미래 먹거리를 위해서는 문화관광자원의 개발이 중요하다고 생각해왔다. 프랑스, 이탈리아, 스페인같이 조상들이 만들어준 유물만으로도 그 국민들이 먹고살 수 있는 그런 나라까지는 아니더라도 그런 도시를 만들어보고 싶었다"면서 말이다.[2] 도대체 왜 잘못에 대한 반성을 하지 않는 것일까? 그는 일반 공무원이 받는 수당도 없이 6급 공무원 월급에도 못 미치는 연봉 5400만 원으로 꿋꿋하게 버텨왔다고 한다. 2016년 근로자 평균 연봉이 3400만 원인데[3], 5400만 원으로 꿋꿋하게 버티셨단다. 긴 해명 끝에 그는 "레밍이란 말에 분노하셨고 상처 받으셨다

2   동아닷컴 2017.07.24 「"레밍이란 말에 분노했다면 레밍되지 마라"… 김학철, SNS 해명글 개재」

3   중앙일보 2017.08.17 「작년 근로자 평균 연봉 3.3% 오른 3387만원」

면 레밍이 되지 말라"는 국민들에게 보내는 충고도 잊지
않았다. 이분, 고려대를 졸업하셨다.

민중은 개·돼지로 취급하면 된다

김학철 도의원은 이분의 영향을 받은 듯하다. 교육
부에서 교육정책을 총괄하던 나향욱 정책기획관이다. 이
분의 고백은 너무 충격적이어서 2016년 7월 8일 경향신
문에 보도된 전문을 인용한다.

"나는 신분제를 공고화시켜야 한다고 생각한다."

(나향욱 정책기획관)

─신분제를 공고화시켜야 한다고? (모두 농담이라고 생
각해 웃음)

"신분제를 공고화시켜야 된다. 민중은 개·돼지다, 이런
멘트가 나온 영화가 있었는데…"

─<내부자들>이다.

"아, 그래 <내부자들>…. 민중은 개·돼지로 취급하면
된다."

─그게 무슨 말이냐? (참석자들의 얼굴이 굳어지기
시작)

"개·돼지로 보고 먹고살게만 해주면 된다고."

─지금 말하는 민중이 누구냐?

"99%지."

—1% 대 99% 할 때 그 99%?

"그렇다."

—기획관은 어디 속한다고 생각하는가?

"나는 1%가 되려고 노력하는 사람이다. 어차피 다 평등할 수는 없기 때문에 현실을 인정해야 한다."

—신분제를 공고화시켜야 한다는 게 무슨 뜻인가?

"신분이 정해져 있으면 좋겠다는 거다. 미국을 보면 흑인이나 히스패닉, 이런 애들은 정치니 뭐니 이런 높은 데 올라가려고 하지도 않는다. 대신 상·하원… 위에 있는 사

경향신문 2016.10.29, 〈김용민의 그림마당〉

람들이 걔들까지 먹고살 수 있게 해주면 되는 거다."

—기획관 자녀도 비정규직이 돼서 99%로 살 수 있다. 그게 남의 일 같나?

(정확한 답은 들리지 않았으나 아니다, 그럴 리 없다는 취지로 대답)

—기획관은 구의역에서 컵라면도 못 먹고 죽은 아이가 가슴 아프지도 않은가. 사회가 안 변하면 내 자식도 그렇게 될 수 있는 거다. 그게 내 자식이라고 생각해봐라.

"그게 어떻게 내 자식처럼 생각되나. 그게 자기 자식 일처럼 생각이 되나."

—우리는 내 자식처럼 가슴이 아프다.

"그렇게 말하는 건 위선이다."

—지금 말한 게 진짜 본인 소신인가?

"내 생각이 그렇다는 거다."

—이 나라 교육부에 이런 생각을 가진 공무원이 이렇게 높은 자리에 있다니…. 그래도 이 정부가 겉으로라도 사회적 간극을 줄이기 위해 노력해야 한다고 생각하는 줄 알았다.

"아이고… 출발선상이 다른데 그게 어떻게 같아지나. 현실이라는 게 있는데…."

경향신문 기자들은 더 이상 대화를 할 수 없다고 보고 자리에서 일어났다. 뒤따라온 교육부 대변인과 과장이 "해명이라도 들어보시라"고 만류, 다시 돌아가 앉았다.

이때부터는 휴대폰 녹음기능을 틀고 테이블 위에 올려놓았다. 나 기획관은 "공무원으로서가 아니라 개인적인 생각을 편하게 얘기한 것"이라고 해명했다.

—조금전 발언 실언이냐, 본인 생각이냐.

"(휴대폰을 가리키며) 일단 그거 꺼라. 개인적인 생각을 말씀드린 것도 있고. 내 생각은 미국은 신분사회가 이렇게 돼 있는데, 이런 사회가 되는 것도 괜찮지 않겠는가… 이런 얘길 한 것이다. '네 애가 구의역 사고당한 애처럼 그렇게 될지 모르는데' 하셨는데, 나도 그런 사회 싫다. 그런 사회 싫은데, 그런 애가 안 생기기 위해서라도 상하 간의 격차는 어쩔 수 없고… 상과 하 간의 격차가 어느 정도 존재하는 사회가 어찌 보면 합리적인 사회가 아니냐 그렇게 얘기한 것이다."

—사회안전망을 만든다는 것과 민중을 개·돼지로 보고 먹이를 주겠다는 것은 다르지 않은가.

"이 사회가 그래도 나아지려면 어느 정도 인정하는 게 있어야 할 거 아니냐고 얘기한 거다."

—정식으로 해명할 기회를 주겠다. 다시 말해봐라.

"공식적인 질문이면… 그거 끄고 하자."

—본인의 생각이 떳떳하면 왜 말을 못하는가. 개인 생각과 공무원으로서의 생각이 다른가.

"같을 수도 있고 다를 수도 있는데… 지금은 말 못한다."

안타깝게도 나향욱 정책기획관은 이 발언으로 파면
을 당했다. 이후 파면 처분에 불복하고 소청심사를 청구
하였으나 기각당했고, 파면 취소와 복직을 요구하는 행
정소송을 제기했다. '개·돼지' 발언을 보도한 경향신문을
상대로 민사소송을 제기하였으나 패소했다. 이분도 반성
이 안 되는 모양이시다. 내가 덧붙일 말이 없다. 궁금하긴
하다. 핸드폰 녹음기를 끄고 더 이야기를 하셨다면 무슨
말씀을 하셨을까? 이분, 연세대를 졸업하셨다.

밥하는 아줌마가 왜 정규직이 돼야 하나?

2017년 6월 말 전국학교비정규직노동조합이 정규직
화 등을 요구하며 지역별 총파업을 했다. 뉴스를 검색하
던 나는 비교적 댓글이 많이 달린 KBS의 「텅빈 학교 급
식실… 조리원들 파업나선 이유는?」 이라는 기사를 보았
다. 기사를 열어보면서도 마음 한쪽은 불안했다. "방학을
앞두고 학생들의 밥을 무기로 삼아 자신들의 이익을 위
해 파업이나 벌이는 노조"와 같은 댓글에 사람들이 가장
많이 공감하지 않을까 하는 불안감이었다. 그러나 그 기
사의 최고 공감 댓글은 아래와 같았다. 댓글을 그대로 보
여주려고 하여 글씨가 매우 작다. 그래도 꼭 읽어주길 바
란다.

살짝 코끝이 찡했다. 고마웠다. 따뜻한 마음이 오래
갔다. 그리고 며칠이 지났다. 내가 염려했던 댓글보다 더
적나라한 표현들이 신문 기사를 장식했다. 그리고 국민의
당 원내 수석부대표인 이언주 의원이 실시간 검색어에 올
랐다. 비정규직노동조합의 파업에 대한 그녀의 발언 때문
이었다.

　—"그 아줌마들이 뭔데? 그냥 동네 아줌마거든요, 그냥.
사실 옛날 같으면 그냥 아줌마들 이렇게 해 가지고 조금
만 교육시켜서, 시키면 되는 거예요. 그래서 그냥 돈 좀
주고 이렇게 하면 되는 건데…."

　—"학교 비정규직 노동자들이 하는 일은 부가가치나 생
산성이 높아지는 일이 아니에요. 솔직히 조리사라는 게
아무것도 아니거든. 그냥 어디 간호조무사보다도 더 못
한 그냥 요양사 정도라고 보시면 돼요. 그… 따는 진입장
벽 정도가."

―"밥하는 아줌마가 왜 정규직이 돼야 하나?"

―"미친놈들이야, 완전히… 우리나라는 지금 이래 갖고,
이게 나라가 아냐, 나라가."

SBS 기자와의 인터뷰 과정에서 이언주 의원이 쏟아
낸 말들이다. 문제가 커지자 이언주 의원은 직접 "저 또
한 아이를 둔 엄마로서 학부모들의 마음을 헤아리다 보
니 사적인 대화, 편한 대화에서 이런 분위기를 전달하다
가 다소 격앙된 표현이 나왔지, 급식 조리사 분들이나 영
양사, 요양사 분들을 폄하하는 건 더더욱 아니었다"며 사
과를 했다. 또한 "'밥하는 아줌마들'이라고 말한 제 마음
속 또 다른 의미는 어머니와 같은 뜻이다. 급식 조리사 분
들이 많은 어머니들의 마음과 손을 대신하고 있기 때문
이다"라면서 "마음과 다르게 표현돼 많은 분들에게 상처
를 줘서 진심으로 사과드린다"고 덧붙였다.[1]

이언주 의원은 기자들 앞에서 정중하게 사과를 하고
나오던 길에 항의를 하기 위해 국회를 방문한 급식 조리
사 두 분과 마주쳤다. 어쩌다 하필이면 "아무것도 아닌"
조리사 두 분과 마주쳐서 직접 사과를 하게 되었다. 하
지만 이언주 의원은 그저 형식적으로 고개를 숙이고 그

---

1   한겨레 2017.07.11 「밥하는 아줌마=어머니? 매를 버는 이언주」

경향신문 2017.7.11, 〈김용민의 그림마당〉

두 분을 외면하면서 그 자리를 피하려고만 하였다. 그녀의 말 어디에서도 "마음속 또 다른 의미"인 어머니를 찾을 수 없었다. 그녀의 사과에는 진정성이 없었고, 오히려 자신의 잘못된 발언을 엉뚱하게 미화하려고만 했을 뿐이다. "마음속 또 다른 의미"라는 궤변을 쓰면서 말이다.

더구나 사과의 마지막엔 "학교 급식 노동자 파업과 관련해 부모들의 격앙된 분위기를 기자에게 전하는 과정에서 오간 사적인 대화가 몰래 녹음돼 기사가 나간 것으로, 강한 유감을 표한다"[1]며 사적 대화를 유출한 언론에 책임을 떠넘기기도 하였다. 하지만 이에 SBS에서 통화 녹취록을 공개하여 통화 내용이 전혀 사적 대화가 아님이 밝혀졌다. 오히려 녹취록을 통해 "솔직히 조리사라는 게 별거 아니거든"이라고 썼던 기사가 "솔직히 조리사라는 게 아무것도 아니거든"이라는 발언이었다는 것이 밝혀졌다. 기자가 조금이라도 발언의 강도를 줄여주기 위해 한 노력만 더 알려지게 된 셈이다.

이언주 의원 덕분에 인터넷에서는 초등학교의 가정통신문이 화제가 되었다. 아름다운 가정통신문을 오른쪽에 그대로 옮겨본다.

'밥하는 아줌마' 논란이 채 가라앉기도 전에 이언주 의원은 국민의당 원내대책회의에서 이런 말을 했다. "우리가 이런 소득주도 성장론을 적용할 때는 공동체에 대한 생각을 함께 해야 된다. 내 소득만 오를 것이다. 이렇게 생각하면 안 되고. 저도 알바 한 적이 있습니다만 월급 떼인 적도 있습니다. 사장님이 망해서요. 그런데 '사장님이 같이 살아야 저도 산다' 이런 생각에서 떼였지만 노동청에 고발하지 않았습니다. 우리 사회의 이런 어떤 공동체 의식이 같이 함께 살아야 된다. 이런 게 필요한 때가

---

1   중앙일보 2017.07.12 「이언주 '사적 대화' 주장에 SBS, 녹취 추가 공개」

학교비정규직 총파업 관련 안내

점점 더워지는 날씨에 온수 학부모님 댁내 두루 평안하십니까?

학부모님들의 적극적인 협조와 관심으로 우리학교 교육활동이 순조롭게 진행되어 가고 있음에 감사드립니다.

이번에 6월 29일 민주노총에서 진행하는 사회적 총파업에 우리학교 일부 교육실무사님들께서 노동자로서의 권리이자 국민 된 사람의 의무를 다하기 위해 함께 목소리를 내려고 참여하십니다.

따라서 6월 29일에 학교도서관은 개방하되 대출은 되지 않으며 학교상담실이 운영되지 않습니다.

하지만 급식실의 조리사님들께서는 파업에 동참하지 않으시므로 우리학교 급식은 예정대로 제공되므로 점심식사에 대한 걱정은 하지 않으셔도 됩니다.

또한 돌봄교실도 평소와 같이 운영합니다.

모두가 잠시 불편해 질 수도 있지만 '불편'이라고 생각하기 보다는 함께 살고있는 누군가의 권리를 지키는 일이고 그것이 결국 '우리'를 위한 일임을 생각해보는 계기가 되었으면 합니다. 아울러 하루하루 열심히 땀 흘려 일하시는 모든 부모님들의 지지와 배려 부탁드립니다.

2017.6.28.
서울온수초등학교장

아닌가 생각을 하게 됩니다."[2] 그녀는 자신의 경험을 이야기했을 뿐이다. 더구나 사장님이 망했다고 하지 않는가? 하지만 그녀는 순수하게 함께 살아야 되는 공동체 의식을 이야기한 것은 아니다. 그녀의 발언은 '소득주도 성장론'에 대한 비판이었다. 그녀는 '공동체 의식'을 가지고 '함께 살아야' 한다는 아름다운 이야기를 통해서 월급을 올리면 기업이 어렵다는 말을 하고 싶었던 것은 아닐까? 그

2　한겨레 2017.07.25 「이언주 "나는 알바 월급 떼였어도 노동청에 고발 안했다"」

녀의 공동체 의식은 월급이 오르면 사장이 망하고, 사장
이 망하면 월급을 그냥 떼여야 한다는 것일 뿐이다. 이분,
서울대를 졸업하셨다.

니들 면상 보러 온 게 아냐

막말하면 빠질 수 없는 분이 있다. 바로 홍준표 전
경남도지사이자 2017년 9월 현재 자유한국당 당대표다.
그의 자서전 『나 돌아가고 싶다』에 따르면 그는 대학교
1학년 때 친구가 돼지흥분제를 구해줄 것을 요청했다고
한다. 친구가 짝사랑하고 있던 여학생을 성폭행할 목적
으로 말이다. 홍준표는 그 친구에게 돼지흥분제를 구해
다 주었다. 친구에게 나중에 들은 말로는 생맥주에 흥분
제를 타 먹이는 데 성공해서 여관까지 데리고 가기는 했
는데, 성폭행을 시도하려는 순간 여학생이 깨어나서 할퀴
고 물어뜯고 해서 실패했다고 한다. 책의 마지막에는 "장
난삼아 한 일이지만 그것이 얼마나 큰 잘못인지 검사가
된 후에 비로소 알았다"며 잘못을 인정했다.[1] 하지만 나
는 이 사건이 가진 문제의 심각성이 그가 일으킨 다른 논
란에 비하면 작다고 생각한다.

1   경향신문 2017.04.20 「홍준표, 과거 돼지흥분제로 성폭력 조력 논란」

2008년 당시 한나라당 원내대표였던 그는 주택공
사와 토지공사를 통합하는 법안을 발의했고, 이듬해인
2009년 4월 국회 본회의 통과를 이끌었다. 당시 토지공
사 노조와 야당은 통합에 반대했지만, 부채가 많은 주택
공사는 통합에 목을 매던 입장이었다.[2] 그런데 공교롭게
도 주택공사는 4년 간 직원 783명을 자르고 신규 채용을
전면 중단한 상황에서 홍준표 처조카만 정규직으로 채용
했다. 그의 처조카는 2008년 2월 촉탁직으로 채용된 후
에 2009년 4월에 부서를 옮겨 20여 일 만에 5급 정규직
으로 채용됐다가 다시 1년 7개월 만인 2010년 12월에 4
급 대리로 승진되었다.[3]

　홍준표 자유한국당 당대표의 어록은 2008년부터
본격적으로 시작된다. 그는 "노 전 대통령처럼 아방궁을
짓고 사는 사람은 없다. '노방궁'이다"[4]라며 노무현 전 대
통령을 비난했다. 그는 2011년에 특히 많은 어록을 남겼
다. 7월에는 삼화저축은행 불법 자금이 한나라당 전당
대회로 흘러들어갔다는 의혹이 있었다. 이에 일간지 여
성 기자가 "이영수 회장에게 돈을 받은 것이 있나요?"라

2　한겨레 2011.08.22 「"LH공사 4년간 딱 1명 뽑은 정규직 알고보니 '홍준표 처조카'였다"」

3　데일리중앙 2011.08.22 「"LH, 4년간 783 명 줄이면서 홍준표 처조카만 정규직 채용"」

4　서울신문 2008.10.14 「한나라, 盧 때리기에 총력… "아방궁 짓고 산다"」

고 묻자 홍준표 당대표는 "그걸 왜 물어. 너 진짜 맞는 수
가 있다"고 언성을 높였다.[1] 8월에는 '사실상'이라는 유행
어를 만들기도 했다. 당시 오세훈 서울시장의 자리를 걸
고 진행했던 무상급식 주민투표가 33.3%에 미달해 투표
함을 열지 못하자 "사실상 승리한 게임에 즉각 사퇴는 안
된다고 생각한다"고 말했다.[2] 이에 네티즌들은 "로또 6개
중 2개 맞혔으니 사실상 1등", "등록금 25.7% 납부하면
사실상 전액 납부다", "오늘 25.7% 이상 근무했으니 사실
상 근무 완료", "일병은 사실상 민간인", "돼지 껍데기도
사실상 꽃등심" 등의 패러디를 쏟아냈다.

11월에 그는 대학생들과의 소통을 위한 타운미팅 자
리에서 당내 소장파 의원들에게 "꼴같잖은 게 대들어 패
버리고 싶다"며 그 유명한 "이대 계집애들 싫어한다"는
말을 남기기도 한다.[3] '이대 계집애' 발언 보름 뒤쯤, 그는
기자들에게 "내가 A기자랑 내기를 했다. 이달 안에 (FTA
비준 동의안) 통과시키지 못하면 내가 100만 원을 주고, 반
대로 내가 이기면 국회 본청 앞에서 그 기자 안경을 벗기

---

1   서울신문 2011.07.15 「홍준표 "너 진짜 맞는 수 있다"… 여기자에 폭언 논
     란」

2   한겨레 2011.08.24 「홍준표 "사실상 오세훈 승리"」

3   한겨레 2011.11.01 「홍준표, 대학생들과 만남서 '부적절 발언' 논란」

고 아구통을 한 대 날리기로 했다"고 말했다.[4] 2012년 홍 준표 씨는 새누리당 경남도지사 후보로 방송사 시사프로 그램에 출연하기 위해 방송사를 방문했다. 출입을 통제하 는 경비가 신분증을 요구하자 "넌 또 뭐야, 니들 면상을 보러 온 게 아니다. 너까짓 게"라고 했다.[5] 자신의 아버지 가 경비원이라서 자신이 서민 대통령이라고 말하고 다닌 그가 말이다.

그는 경남도지사로 재직 당시 경상남도에서 지원하 던 30%의 학교 급식비 지원 중단을 선언하기도 하고,[6] 진주의료원을 폐업시키기 위해 조례안을 무력으로 처리 했다는 논란을 일으키기도 했다.[7] 이에 주민소환운동본 부가 결성되어 경남도민 36만6964명의 서명용지를 선거 관리위원회에 냈다. 주민소환운동본부 측은 "무상급식 중단, 공공의료기관인 진주의료원 폐원 등 각종 정책 결 정과 추진 과정에서 홍준표 지사의 권력남용과 독단으로 인한 비민주적 전횡이 극에 달해 주민소환을 통해서 바 로잡을 필요가 있다. 특히 홍 지사는 불법정치자금 수수

4   국민일보 2011.11.16 「홍준표 "기자 아구통 날리기로…" 또 막말」

5   한겨레 2012.11.15 「아버지가 경비원이었다던 홍준표 경비원에 "니 면상… 너까짓 게" 막말」

6   한국일보 2014.11.03 「홍준표 "무상급식 예산 편성 안 한다"」

7   세계일보 2013.04.13 「몸싸움에 쓰러지고… CCTV 속 날치기 통과」

경향신문 2015.3.16, 〈김용민의 그림마당〉

혐의로 기소돼 정상적인 도정 운영이 어렵고, 불통·독단·
아집으로 지역사회 갈등을 합리적으로 조정하거나 해결
하는 것이 아니라 오히려 끊임없는 갈등을 일으키고 있어
주민소환을 통해 깨끗하고 민주적인 도정을 회복하고 실
현하고자 한다"며 홍 지사에 대한 주민소환운동에 공식
적으로 나섰다.[1]

이에 보수단체들은 교육감을 주민소환해야 한다며

1　　한겨레 2015.11.30 「홍준표 주민소환' 36만 명 서명부 제출」

맞불을 놓았다. 하지만 허위 서명부 작성으로 홍준표 도지사 측근이 구속된다.[2] 이후에도 허위 서명부 작성과 관련해 개인정보를 불법 수집한 전·현직 경남도청 공무원과 제공자들이 추가 검거됐다. 경찰은 전 경남도복지보건국장 A(57)씨와 도지사 비서실 별정직 직원 등 전·현직 도청 공무원 4명, 이들에게 환자 및 회원 정보를 불법으로 제공한 병원·협회 관계자 6명 등 10명을 불구속 입건했다고 밝혔다. A씨 등 2명은 홍준표 지사 측근인 경남개발공사 전 사장의 요청을 받고 병원 3곳과 건강 관련 협회 등 2곳에서 이름, 주민등록번호, 주소가 적힌 개인정보 19만여 건을 수집해 전달한 혐의를, 비서실 직원 2명은 허위 서명 작업을 도운 혐의를 받았다.[3]

이런 와중에도 홍준표 도지사는 자신의 사퇴를 요구하며 단식 농성하는 도의원을 향해 "2년간 단식해봐, 2년, 2년 후에는 나갈 테니까"라며 자신의 남은 임기 동안에는 단식해도 소용없다는 취지의 말을 했다. 도의원이 계속 책임지라고 목소리를 높이자 그는 몸을 돌려 "쓰레기가 단식한다고…"라고 언급했다. 그러면서 "개가 짖어

---

2   국민일보 2016.02.26 「경남교육감 주민소환 관련 홍준표 지사 측근 구속」

3   문화일보 2016.05.19 「경남교육감 주민소환 허위서명, 도청 직원 등 10명 추가 입건」

도 기차는 간다"고 말하며 차에 올랐다.[1] 이후 경남 선관위는 홍준표 도지사에 대한 주민소환 청구인 서명부 중에서 24만3755명만 유효 처리하여 주민소환 청구 요건에 2만7277명이 부족하다고 하였다. 이에 3만여 명의 서명부를 추가로 제출하였으나, 경남선관위는 최종적으로 각하 결정을 하여 도지사직을 유지할 수 있게 되었다. 또한 홍준표 도지사는 '성완종 리스트'로 1심에서 징역 1년6월을 선고받았으나, 항소심에서 무죄를 선고받으면서 드디어 대선에 출마할 수 있게 된다.

대선에 출마한 그는 그의 장인에게 "영감탱이 26년간 집에 못 오게" 했다며 자랑을 하는가 하면, "설거지는 여자가 하는 일"이라는 말로 많은 여성들의 비판을 받기도 하고, "여론조사 기관을 폐지"하겠다는 무서운 말도 서슴지 않았다. "지금 민주당 1등 하는 후보는 자기 대장이 뇌물 먹고 자살한 사람"이라는 말로 노무현 전 대통령과 문재인 후보를 조롱하기도 했다. 그의 원래 이름은 홍판표였다. 그가 검사가 된 이후에 '세인의 표상'이 되라는 뜻을 가진 '준표'로 개명한 것이다. 표상은 대표로 삼을 만큼 상징적이라는 뜻이니, 그는 분명 반면교사로 삼아야 하는 표상이 분명하다. 이분, 고려대를 졸업하셨다.

1   서울신문 2016.07.12 「단식 농성 도의원에게 '쓰레기'라고 막말한 홍준표 경남도지사 논란」

어디 이 네 분뿐일까? 대한민국에는 조남호 대표의 '공부 동기부여 동영상'과 같은 이야기를 들으며 열심히 공부한 학생들이 많다. "그 서울대만 가면 니 하고 싶은 것 다 할 수 있응께, 그저 공부만 열심히 혀라, 잉"라고 말씀하신 부모님들이 키워낸 자식들이 서연고에 가서 무엇을 배우려고 했을까? 남들에게 무시당했던 시절을 앙갚음하듯 성공한 자신을 내보이고 싶어 하진 않을까? 그저 다른 사람들이 자신 앞에서 고개를 주억거리는 것을 보며 성공을 만끽하고 싶어 하는 것은 아닐까?

민주주의 가치, 올바른 역사관, 공감능력 따위는 배우지 않는

사회적 논란을 일으킨 네 분을 통해서 국민들을 바라보는 그들의 삐뚤어진 시각을 살펴보고자 했다. 이 글은 여러모로 조심스러웠다. 이분들은 범법자가 아니기 때문이다. 소속기관에서 징계를 받을 수는 있지만, 법원에서 이들의 말을 문제 삼지는 않는다. 아마도 서연고에서도 그런 모양이다. 복잡하고 어려운 문제를 풀고, 어려운 말이 가득한 논문을 쓰면서도 중고등학교 교과서에나 있을 법한 민주주의 가치와 올바른 역사관에 대한 이해가 부족한 것을 보면 틀림없다. 그렇게 엄청난 공부를 해서 서울대, 연세대, 고려대를 졸업해도 '기초적이고 기본적인 배움을 얻지 못하는구나' 하는 깨달음이 든다. 네 분모두 국민의 세금으로 월급을 받는 분들이라는 게 놀랍기도 하다.

2014년 12월에 개봉한 <국제시장>은 1300만 명의 관객이 본 영화다. 엄청난 흥행기록뿐만 아니라, 대종상 최우수작품상, 감독상, 남우주연상, 남우조연상, 시나리오상, 기획상, 촬영상, 편집상, 녹음상, 첨단기술특별상을 수상하며 기염을 내뿜었다. 물론 나는 아직도 보지 않았고, 앞으로도 보고 싶지 않은 영화다. '물론'이라는 말은 이 영화를 부정적으로 생각하는 사람들에게만 적합한 말이다. 나는 <국제시장>이 들려주는 국가에 대한 이야기가 몹시 싫다. 그렇게 폭력적이었던 국가를 미화하는 꼴을 보고 싶지가 않다. 보지도 않은 영화에 대한 이야기를 하는 것이 조금 이상하지만, 그래도 <국제시장>을 통해서라도 꼭 하고 싶은 말이 있다.

<국제시장> 포스터에는 "가장 평범한 아버지의 가장 위대한 이야기"라는 말이 쓰여 있다. 그렇다. 지금의 대한민국은 몇 명의 위대한 지도자가 아니라, 우리의 어머니, 아버지, 할머니, 할아버지의 피와 땀으로 만든 나라다. 태극기 집회에 참석하신 분들을 포함해서 말이다. 아마도 <국제시장>의 덕수도 태극기 집회에 참석하지 않았을까? 태극기 집회를 보며, 연단 위에서 언론 탓을 일삼

한겨레 2017.3.17, 〈한겨레그림판〉

던 유력 정치인들에 대한 미움과 분노만큼이나 연단 아래서 태극기를 흔들던 어르신들에게 느끼는 안타까움이 컸다. 지금의 대한민국을 만들고 지켜온 것은 박정희도 미국도 반공정신도 아닌, 바로 당신들이라고 꼭 말씀드리고 싶었다. 태극기를 든 주름지고 굳은 당신들의 손이 그래도 민주주의를, 인권을 이야기할 수 있는 나라를 만들어주셨다고 알려드리고 싶었다. 덧붙여 저 연단 위에 좋은 대학 나오고, 말 잘하고, 훌륭해 보이는 연사들은 당신들을 이용해서 자신들의 배를 채우는 자들이라고 말씀드리고 싶었다.

　일제에 침탈당하고, 전쟁으로 폐허가 된 땅덩어리 위에 지금의 대한민국을 일궈놓은 사람들은 좋은 대학

을 나오고 공부를 많이 한 사람들이 아니라, 그저 자식새
끼 잘되기를 바라며 묵묵히 희생하며 살아온 이름 없는
평범한 사람들이다. 그분들의 희생이 없었다면 지금의 대
한민국은 존재할 수 없다. 서연고가 아니라 고등학교만
졸업해도 알 수 있는 당연한 사실이다.

　　하지만 비정규직 노동자들의 파업을 보며 "미친놈
들이야"라고 말하는 서울대를 졸업한 국회의원은 모르
시는 모양이다. 레밍이 되지 말라고 국민에게 경고하는
고려대를 졸업한 도의원은 모르시는 모양이다. 구의역 사
고로 죽은 청년을 보며 가슴 아파하는 것이 위선이라고
이야기하는 연세대를 졸업한 교육부 정책기획관은 모르
시는 모양이다. 기자들과 경비원에게 막말을 퍼붓는 고
려대를 졸업한 당대표는 모르시는 모양이다. 이 네 분께
"당신들이 그렇게 함부로 이야기할 국민은 이 땅에 없다"
고 꼭 말씀드리고 싶다. 그런 나라가 있으면 제발 좀 그곳
으로 가시라고 비행기 표라도 끊어드리고 싶다.

잊을 수가
없는 분들

이름이 뭐예요? (3minute 쓰리미닛)

—"아무리 공부해도 박근혜 대통령의 잘못을 찾을 수 없다."[1]

—"촛불집회 가보면 알겠지만 단두대, 상여를 메고 다니고, 대통령 목을 잘라서 효수를 시켜서 끌고 다닌다. 어른이고 대통령 머리를 공으로 만들어 차고 디닌다. 이건 인민재판보다 더한 것이다."[2]

—"어떻게 대한민국 대표 광장 안에서 그리고 청와대 바로 가까이에서 이런 일이 있을 수 있는가? 이거 정말 대한민국 정신 차려야 한다."[3]

—"(태극기) 집회에 처음부터 끝까지 참여해보니 감명을

1   서울신문 2017.02.17 「김문수 "아무리 공부해도 박대통령 잘못 찾을 수 없어"」

2   중앙일보 2017.02.13 「김문수 "태극기 집회, 눈물 날 정도로 감명"… 촛불집회는」

3   중앙일보 2017.02.13 위의 기사

받았고, 눈물이 날 정도였다.”[1]

—“대통령은 면책특권이 있어서 대통령은 내란·외환 이런 거 빼고는 (검찰조사를) 안 받아도 된다.”[2]

—“미르·K스포츠 재단을 설립한 것이 무슨 문제가 되나? 나라를 바로 세우기 위해서 그보다 더한 것이라도 해야 한다. 박대통령은 당당하게 탄핵재판에 대응하기 바란다.”[3]

—“국민들이 정당하게 1500만표의 투표로 당선시킨 대통령을 인민혁명·민중혁명 세력들이 죄 없이 끌어내리려 하고 있다.”[4]

—“국회 탄핵 소추 사유서를 보면 세월호는 말이 안 되는 이야기다. 블랙리스트를 이야기 하는데 리스트는 행정의 기본인데 그걸 블랙리스트라 이름 붙였다. 그게 과연 탄핵 사유가 되느냐?”[5]

어떤 분의 발언일까? ‘친박’도 아니신 분이 뒤늦게 태극기 집회에 참석하면서 화제를 모은 분이 있다. 바로

1   중앙일보 2017.02.13 위의 기사

2   중앙일보 2017.02.13 위의 기사

3   서울경제 2017.02.06 「김문수 “박, 국회의원 중 가장 청렴한 분… 사익 취한 적 없어”」

4   중앙일보 2017.05.25 「김문수 “박대통령, 남편이 있나, 자식이 있나… 태극기로 지키자”」

5   채널A <외부자들> 2017.02.14 방송 인터뷰 내용 일부

김문수 전 경기도지사다. 그는 4번의 국회의원과 2번의 경기도지사를 역임한 정치인이다. 그가 논란을 일으킨 발언은 이뿐만이 아니다. 그는 "광화문 광장에 이승만·박정희 대통령 동상을 세워야 한다. 대한민국 건국 후 역사는 정말 위대하다. 우리가 뽑은 대통령을 존경해야 한다"[6]고 했다. 비슷한 시기에 그가 존경한 대통령은 이승만·박정희 대통령만이 아니었다. 그는 이명박 대통령에 대해서 "이승만·박정희·세종대왕·정조대왕 다 합쳐도 반만년 역사에서 최고의 역량을 가졌다"[7]고 극찬했다.

그는 고전에 대한 새로운 해석도 서슴지 않았다. 그는 한국표준협회 초청 최고경영자조찬회에서 "춘향전이 뭡니까? 변 사또가 춘향이 따먹으려고 하는 거 아닙니까?"라고 말했다.[8] 이 발언으로 '따먹 문수'라는 별명을 얻기도 했다. 잊어버릴 뻔했던 그의 말들이 다시 조명받을 수 있었던 것은 채널A의 <외부자들>이라는 프로그램 덕분이었다. 그는 거기서 '도지사 김문숩니다' 사건에 대해 언급했다. 3minute이 조금 넘는 동안 이어진 김문수 전 도지사와 119 대원의 대화를 직접 보자.

6   오마이뉴스 2010.05.30 「김문수 "촛불집회 잘못됐다, 사과해야" 대학생 "지성 가지고 합당하게 반대해"」

7   국민일보 2010.11.22 「"박정희·세종대왕 합쳐도 최고"… 김문수, MB극찬」

8   세계일보 2011.06.24 「춘향전은 변 사또가 춘향이 따먹는 이야기」」

소방대원	여보세요?
김 문 수	나는 도지사 김문숩니다.
소방대원	여보세요?
김 문 수	여보세요?
소방대원	예, 소방섭니다. 말씀하십시오.
김 문 수	어, 도지사 김문숩니다. 여보세요?
소방대원	예예.
김 문 수	경기도지사 김문숩니다.
소방대원	예예. 무슨 일 때문에요?
김 문 수	거기 우리 남양소방서 맞아요?
소방대원	예, 맞습니다.
김 문 수	이름이 누구요?
소방대원	무슨 일 때문에 전화하신 건데요?
김 문 수	어… 내가 도지산데, 거 이름이 누구요? 지금 전화 받은 사람이? 여보세요?
소방대원	예예.
김 문 수	이름이 누구냐고?
소방대원	여보세요?
김 문 수	지금 전화 받은 사람 이름이 누구야?
소방대원	(한숨 쉬며) 예예. 무슨 일 때문에 전화하 셨어요?
김 문 수	이름이 누구냐는데 왜 말을 안 해?
소방대원	저, 무슨 일 때문에 전화를 하셨는지 먼저 말씀을 하십시오.

김 문 수　　어… 아니 지금 내가 도지사라는데 그게
　　　　　　안 들려요?

소방대원　　선생님, 무슨 일 때문에 여기에 전화를 하
　　　　　　셨는데요? 소방서, 119에다 지금 긴급전
　　　　　　화로 하셨잖아요?

김 문 수　　그래요, 119에 했어요. 그래요.

소방대원　　그러면은 무슨 일 때문에 전화를 하셨는
　　　　　　지 얘기를 하셔야지요.

김 문 수　　아니, 도지사가 누구, 누구냐고 이름을 묻
　　　　　　는데 답을 안 해?

소방대원　　여기에다 그렇게 전화를 하시면은… 일반
　　　　　　전화로 하셔야지. 왜 긴급전화로, 그렇게
　　　　　　얘기를 하시면 안 되죠.

김 문 수　　어….

소방대원　　여보세요?

김 문 수　　누구냐고. 이름을 말해봐요 일단….

(전화 끊김. 1차 통화 종료. 곧 다시 전화 옴)

소방대원　　예, 소방섭니다.

김 문 수　　예, 내가 저 경기도지사 김문숩니다.

소방대원　　예예.

김 문 수　　아까 전화 받은 사람 관등성명 좀 얘기해
　　　　　　봐요. 지금 받는 사람 맞아?

소방대원　　아닙니다. 제가 받은 게 아닌데요?

김 문 수　　그럼 지금 누구요, 그럼?

소방대원	아, 저요?
김 문 수	예.
소방대원	예. 저는 윤○○입니다.
김 문 수	윤○○. 소방위인가?
소방대원	예?
김 문 수	소방사?
소방대원	예, 소방교입니다.
김 문 수	소방교?
소방대원	예, 그렇습니다.
김 문 수	방금 조금 전에 받은 사람 누구요?
소방대원	여보세요?
김 문 수	지금 받은 사람 이름이 누구?
소방대원	아니, 지금 119로 하셨잖아요?
김 문 수	119. 윤○○.
소방대원	예, 무슨 일 때문에 그러시는데요?
김 문 수	도지삽니다.
소방대원	예예.
김 문 수	어, 그래 알겠어, 끊어.

  3분 넘게 이어진 통화 내용이다. 마지막에 통화와 상
관없는 다른 일이 생겨 전화를 끊게 되었으나, 자칫했으
면 포미닛의 '이름이 뭐예요?'가 될 뻔했다. 별 내용 없는
통화지만, 김문수 전 도지사는 상대방의 이름이 누구냐
고 열한 번에 걸쳐 묻고, 또 묻는다. 또한 자신이 도지사

한겨레 2016.4.7, 〈한겨레그림판〉

임을 아홉 번이나 반복해서 밝힌다. 김문수 전 도지사와
통화를 한 119 대원들은 장난 전화로 오인했다고 한다.
이후 당시 119 상황실 근무자 2명은 전보 조처됐다. 과잉
조치라는 논란이 일자 두 소방관은 7일 만에 남양주소
방서로 원대복귀했다. 더 놀라운 사실이 있다. 소방재난
본부는 김 지사가 관련 사실을 통보한 이틀 뒤인 21일 경
기도 내 34개 소방서 소방관 5,000여 명에게 김 지사 목
소리가 담긴 통화 내용을 전자우편으로 보내며 친절하게
전화를 받으라고 지시했다. 경기도의 한 소방관은 "다른
교육자료는 없었다. 녹음파일을 받은 것은 처음이었고 직
원들은 도지사 목소리를 익히라는 의미로 해석했다"고

말했다.[1]

김문수 전 도지사의 소방헬기 사랑도 남다르다. 정청래 의원이 밝힌 바에 따르면 김문수 전 도지사는 2009년 1월부터 2014년 7월까지 43번 소방헬기를 이용했다. 산악, 수난 및 수색구조 활동 등을 위해 소방헬기가 출동한 날에도 소방헬기를 타고 다닌 일이 비일비재했다. 심지어 산불 발생으로 소방헬기가 출동한 날에도 소방헬기를 지역행사 참석에 이용한 사례가 4번이나 된다.[2] 이분, 서울대를 졸업하셨다.

보온○○, 행불○○, 자연산○○

위의 ○○에 들어갈 공통적인 단어를 맞춰보시오. 힌트, 국회의원 4선 연임, 한나라당 원내대표, 한나라당 당대표, 현 창원시장. 정답은 '상수'이다. 워낙 유명한 별명이 많으신 분이라 어쩔 수 없이 높으신 분의 이름을 함부로 이야기했다. 안상수 시장은 자유한국당의 전신인 한나라당의 당대표였다. 당시 그는 그 유명한 홍준표 씨를

1   한겨레 2011.12.29 「'김문수 119통화' 녹음파일 소방관들에 전송, 소방본부 파문 일자 삭제 지시」

2   경향신문 2014.10.08 「김문수 전 경기지사 소방헬기 타고 기자회견도 참석」

이기고 당대표가 되었다.

그는 '보온 포탄' 발언으로 수많은 개그맨을 절망에
빠뜨렸다. 때는 2010년 11월 30일, 연평도 포격 사건 이후
연평도를 방문하여 불에 탄 보온병을 들고 "이게 포탄입
니다, 포탄"이라는 발언을 했다는 내용의 영상이 YTN에
서 보도됐다. 그러나 한나라당은 방송사 카메라기자들이
안 대표에게 "포탄이라고 말하면서 포즈를 취해달라"고
요청해서 찍은 연출영상이라고 해명했다. 그러나 이 주
장에 대해 YTN은 이 영상의 취재 과정에서 연출 요청은
없었다고 반박했다.[3]

그는 1968년 현역 입영판정 이후 1973~1974년 행방
불명이란 이유로 입영기일이 연기되는 과정을 거쳐 1975
년 공소권 무효 조처로 입영 뒤 귀가조처할 때까지 행적
이 묘연했다. 그는 병무당국의 '행불 처리'에 대해 "절에
서 사법시험을 공부하고 있을 때, 집에 날아온 입영통지
서를 글을 모르는 노모가 영장인지 알지 못하고 전달하
지 못했다"고 해명했다.[4] 이 일이 알려지자 그는 '보온 상
수'에 이어 '행불 상수'라는 별명까지 얻었다. 또한 그는

3   한국경제 2010.12.01 「YTN "안상수 '보온병 포탄' 조작설? 사실 아니다"
      강력 법적 대응 천명」

4   한겨레 2011.04.29 「"안상수 형님과의 추억 정리" 트위터 패러디 '열풍'」

경향신문 2010.12.24, 〈김용민의 그림마당〉

중증 장애아동 요양시설을 방문한 뒤 동행한 여성 기자
들과 오찬을 함께한 자리에서 연예인 성형 이야기를 하
며 "성형을 너무 많이 하면 (사람들이) 좋아하지 않는다.
룸에 가면 '자연산'을 많이 찾는다고 하더라"고 말하기도
했다.[1] '자연산 상수'의 유래다.

　　또한 그는 '바른교육 국민연합 창립대회'에 참석해
서 "지난 10년 좌파정권 동안 엄청나게 편향된 교육이 이

1　　동아일보 2010.12.22 「안상수 "룸에 가면 자연산만 찾아" 발언 논란」

뤄졌습니다. 이런 잘못된 교육들에 의해서 대한민국 정체
성 자체를 부정하는 많은 세력들이 생겨나고 있고, 극악
무도한 흉악 범죄, 아동 성폭력 범죄들까지 생겨나고 있
는 것입니다"라고 주장하였다.[2] 당시 김길태(33), 조두순
(47) 등이 저지른 흉악 범죄자를 염두에 두고 한 발언이
었다. 나이를 봐도 좌파정권이 아닌, 우파정권에서 교육
을 받았음이 분명한데도 안 대표는 그들이 좌파 교육에
의해 그런 범죄자를 만들어냈다며 거침없이 좌파 교육을
비판했다. 그는 4번의 국회의원과 한나라당 원내대표 및
당대표를 역임하셨고, 2017년 9월 현재 창원시장이시다.
이분, 서울대를 졸업하셨다.

성추행, 성접대 사건

    박희태 전 국회의장은 2014년 9월 강원도 원주의 골
프장에서 골프를 치던 중 캐디 ㄱ씨의 신체 부위를 여러
차례 만진 것으로 전해졌다. 이에 화가 난 ㄱ씨는 박 전
의장의 캐디 일을 그만두고 몇 시간 뒤 박 전 의장 쪽에
강하게 항의한 것으로 전해졌다. 박 전 의장은 한겨레와
한 통화에서 "(상대방이 내가) 손가락으로 가슴 부위를 한
번 쿡 찔렀다고 하는데 그런 적이 절대 없다"고 강하게

---

2   세계일보 2010.03.17 「"좌파교육으로 성범죄 증가"… 안상수 발언 파문 확
        산」

부인했다. 다만 그는 "(신체 접촉이) 있었다. 내가 딸만 둘이라서 여성들을 보면 내 딸처럼 귀엽고 손녀처럼 정답고 해서 내가 등을 쳤는지 어쨌는지는 모르겠다"며 신체를 일부 만졌다고 인정했다.[1]

"딸처럼 귀엽고 손녀처럼 정답고"라는 그의 말은 자신의 딸과 손녀가 같은 일을 당하고 나서도 할 수 있는 말인지 묻고 싶다. 그가 다른 여자들은 딸처럼 손녀처럼 대하지 않았기를 간절히 바랄 뿐이다.

그는 이어 "(상대방이 내가 골프장 홀을 돌면서 여러 차례) 어깨나 등을 치거나 엉덩이 만지거나 그랬다고 하는데 그때 한 번만 싫은 표정을 지었으면 그랬겠냐. 전혀 그런 거부감이나 불쾌감을 나타낸 일이 없다"며 ㄱ씨에게 책임을 전가하는 듯한 태도를 보였다.[2] 싫은 표정을 지었으면 욕설을 퍼붓지나 않으셨을지, 괜히 트집을 잡아 불이익을 주고자 힘을 쓰시지는 않으셨을지 모를 일이다. 그는 결국 징역 6개월에 집행유예 1년을 선고받았다. 박희태 씨는 6선의 국회의원이고, 한나라당 당대표와 국회의장을 역임했다. 이분, 서울대를 졸업하셨다.

---

1   한겨레 2014.09.12 「'성추행 혐의' 박희태 "싫은 표정이면 그랬겠나"」

2   한겨레 2014.09.12 위의 기사

한겨레 2016.5.25, 〈한겨레그림판〉

박근혜 대통령의 미국 방문 중 인턴 여성을 성추행한 윤창중 전 청와대대변인이 청와대 민정수석실 조사에서 피해 여성 "엉덩이를 만졌다"고 진술한 것으로 밝혀졌다. 미국 경찰 보고서에는 "허락 없이 (여성의) 엉덩이를 움켜쥐었다(grabbed)"고 적혀 있었다. 윤 전 대변인은 또 숙소인 워싱턴 시내 페어팩스호텔 방으로 인턴 여성이 올라왔을 당시 자신이 "팬티를 입고 있지 않았다"며 알몸 상태였음을 인정한 것으로 확인됐다.[3] 이후 윤창중 전 대변인은 이를 부정하고 억울함을 호소하였다. 하지만 2017년 4월 JTBC의 <스포트라이트>에서 "제 상태는 나체였

---

3   경향신문 2013.05.12 「윤창중 "엉덩이 만졌고, 노팬티 상태" 청 조사서 진술해 놓고 회견선 번복」

습니다"라는 윤창중 자필 진술서가 발견되었다.[1] 그는 공소시효 만료가 된 2016년 돌연 각종 칼럼을 쓰며 활동을 재개하였다. 그리고 태극기 집회에서도 많은 말씀을 남기셨다. 이분, 고려대를 졸업하셨다.

김학의 전 법무부 차관의 '성접대 의혹' 사건은 무혐의로 종결된 사건이다. 사건은 2013년 3월에 시작된다. 언론보도 제목만 나열해본다.

「김학의 차관, '성 접대'연루… 당사자는 펄쩍」(세계일보 2013.03.21)

「김학의 "결백하지만 새 정부에 누 될까 물러난다"」(경향신문 2013.03.21)

「김학의 "윤씨 모른다"… 건설업자 윤씨 "오래전부터 알아"」(한겨레 2013.03.21)

「'성폭행 무혐의' 매듭지으려다 '동영상'으로 급반전」(동아일보 2013.03.22)

「'별장 性접대 리스트' 정치·법조·금융 총망라」(문화일보 2013.03.22)

「성접대 받은 검찰·경찰·국정원·전 국회의원·병원장 등 10여명 실명 거론」(경향신문 2013.03.22)

「'성접대 진술' 여성, 머리카락에서 마약 성분 검출」(세계

---

1   중앙일보 2017.04.10 「"제 상태는 나체였습니다"… 스포트라이트 '윤창중 진술서' 발견」

일보 2013.03.23)

「"性접대 별장서 性접대만 한 줄 알았는데"… 경찰 "마약·수백억 도박 진술 확보"」 (경향신문 2013.03.24)

「'성접대' 건설업자, 유력인사들에 고급빌라 분양」 (한겨레 2013.03.25)

「국과수 "김학의로 특정도 배제도 못해"… 청와대 '성접대 동영상' 판독결과 직접요구」 (경향신문 2013.03.25)

「'동영상 판독 불가' 성접대 수사 꼬여」 (경향신문 2013.03.27)

「검찰, 경찰의 김학의 출금 요청 기각」 (한겨레 2013.03.28)

슬슬 화가 난다. 결국 판독 불가, 출금 요청 기각으로 흘러가는 것을 보면 청와대에서 판독결과를 직접 요구했다는 것을 어떻게 이해해야 할까? 하지만 또 다른 증거와 정황들이 나온다.

「경찰 '성접대' 의혹만 갖고 덤벼… 거론된 인사 '명예살인'」 (국민일보 2013.04.14)

「고위층 성접대' 의혹만 눈덩이… 실체는커녕 꼬리도 못 잡아」 (세계일보 2013.04.17)

「김학의, 차명폰으로 윤씨와 통화 정황」 (동아일보 2013.04.18)

「'성접대 의혹' 김학의 前 법무차관 출국금지」 (연합뉴스 2013.05.01)

「'성접대 동영상' 원본 보관 추정 인물 체포」 (한겨레

2013.05.01)

「김학의 前차관 목소리, '성접대 동영상'과 95% 일치」
(서울신문 2013.05.03)

「경찰, 성접대 동영상 원본 확보… "화질 선명"」 (뉴시스
2013.05.06)

「경찰, "동영상 속 인물은 김학의 前차관 확실"」 (동아일보
2013.05.08)

「'성접대 의혹' 윤씨 경찰 출두 "김학의도, 동영상도 모
른다"」 (서울신문 2013.05.10)

「성접대 여성 "특정 유력인사와 윤씨가 성폭행"」 (서울신
문 2013.05.15)

「'성접대' 윤씨 3차 소환… 마약 이용 성폭행 조사」 (문화
일보 2013.05.21)

「'성접대 의혹' 건설업자 마약 대량 구입 포착」 (서울신문
2013.05.22)

기대가 된다. 확실한 물증도 확보되었고, 사건 연
루자에게 마약 이용까지 의심되고 있다. 이제 좀 밝혀지
려나?

「김학의 전 차관 경찰 출석 앞두고 갑자기 "맹장수술
받아야"」 (경향신문 2013.06.04)

「김학의 前차관, 피의자 신분 전환」 (국민일보 2013.06.07)

「'성접대 의혹' 김학의 4차 소환도 불응」 (세계일보

2013.06.15)

「경찰, 김학의 전 법무부 차관 체포영장 신청」(YTN 2013.06.19)

「검찰, '성접대 의혹' 김학의 前차관 체포영장 기각」(연합 뉴스 2013.06.19)

「별장 성접대 피해女, 김학의 前차관 고소」(세계일보 2013.06.21)

「김학의 혐의관련 진술 거부… 경찰 병실방문 조사 헛걸음」(동아일보 2013.07.01)

「김학의 前차관, 경찰 방문조사 끝나자 퇴원」(세계일보 2013.07.10)

「'별장 성접대' 건설업자 120여일 만에 구속」(경향신문 2013.07.11)

「"김학의 前 법무차관, 별장서 특수강간" 경찰 최종 확인」(국민일보 2013.07.18)

「김학의 전 차관, 특수강간 혐의로 불구속 입건」(경향신문 2013.07.18)

「경찰 "김학의 등 별장 성접대 확인" 대가성 입증 못해 용두사미 수사로」(서울신문 2013.7.19)

'소환 불응', '기각', '진술 거부', '대가성 입증 못해'. 익숙한 말들이 나온다. 결국 이 사건은 2013년 11월에 무혐의로 결론이 난다.

「'성접대 의혹' 김학의 전 차관 무혐의 결론」(뉴스1
2013.11.11)

「표창원 "박근혜 총애 받던 김학의 살려주려…" 검찰
맹비난」(동아일보 2013.11.11)

「넉달 끌며 봐주기 수사… 김학의 대질도 안해」(서울신문
2013.11.12.)

「"김학의 처벌" 피해여성 대통령에게 탄원서 제출」(세계
일보 2013.11.14)

• 2014년

「별장 성접대 피해 30대 女, 담당검사 교체 요구」(세계일
보 2014.09.01)

「'별장 성접대 사건' 검사 교체해 재수사」(서울신문
2014.11.01)

「별장 성접대 의혹 김학의 전 법무부 차관, 이번엔 쇠고
랑?」(국민일보 2014.11.02)

• 2015년

「'성접대 의혹' 김학의 전 차관 또 무혐의」(연합뉴스
2015.01.07)

「'별장 성접대 의혹' 김학의 前법무차관, 변호사 등록 신
청」(동아일보 2015.11.17)

• 2016년

「대한변협, 김학의 前 차관 변호사 등록 허용」(연합뉴스
2016.01.25)

경향신문 2013.5.15, 〈김용민의 그림마당〉

　　재수사가 이루어지는 듯하더니 결국 무혐의로 사건
이 종결되었다. 길고 긴 이야기가 해피엔딩으로 끝났다.
단지 언론보도 제목만, 그것도 고르고 골라서 나열하기
만 했는데도 길다. 당시 문제가 된 동영상에서 속옷 차림
의 남성은 노래방 시설이 있는 방 가운데에서 가수 박상
철의 노래 <무조건>을 부르고 있었다. 그러다 앞에 있던
긴 생머리에 검은색 짧은 원피스를 입은 여성을 뒤에서
껴안은 채 성관계를 맺었다. 이들 너머로는 10여 명의 남

녀가 뒤엉켜 혼음을 하는 듯한 모습도 보였다.[1] 결국 무혐으로 종결된 사건의 주인공이자 현재 변호사로 활동 중이신 김학의 전 차관은 서울대를 졸업하셨다.

KBS, MBC를 지금의 모습으로 만든 분들

김장겸 씨는 2017년 9월 현재 MBC 사장이다. 일베들의 병맛과 극우적인 성향을 만족시켜주는 유일한 제도권 뉴스가 바로 MBC 뉴스다. 김장겸 사장의 사퇴 목소리가 MBC 내외에서 울려 퍼지는 가운데 일베들은 김장겸의 MBC를 비호하고 나섰다. 김장겸 MBC 사장은 이명박 정부가 들어선 이후 정치부장, 보도국장, 보도본부장으로 승승장구했다. 근 7~8년 MBC의 보도 부문은 김장겸 체제라고 해도 과언이 아니다. 그 기간 MBC 뉴스의 신뢰도와 영향력은 급전직하했다.[2]

김장겸 체제의 뉴스데스크는 특히 동물 뉴스에 집착했다. 2013년 김장겸 보도국장이 취임한 처음 6개월 동안 99건의 동물 뉴스가 뉴스데스크를 장식했는데, 이는

---

1 동아일보 2013.03.22 「[고위층 성접대 의혹] 가요 '무조건' 부르며 젊은 여성과…」

2 주간경향 2017.08.09 「MBC 뉴스가 일베의 환호를 받는 까닭」

그 전 6개월에 비해 4배 늘어난 양이었다. 주요 시간대 공영방송의 대표 뉴스가 <TV 동물농장>과 경쟁하고 있느냐는 비아냥까지 나왔다. 김장겸 보도국장 시절 '정윤회 문건', '대통령의 사라진 7시간' 등 권력에 대한 숱한 의혹이 있었지만 '고래보다 큰 대왕오징어' 뉴스가 더 중요한 자리를 차지했는데, 도저히 이해할 수 없는 편집이었다.[3] "알통 굵기가 정치적 성향을 좌우한다"는 알통 뉴스, "비 오는 날에는 소시지 빵이 잘 팔린다"는 소시지빵 뉴스 등은 MBC 뉴스의 실상을 온 국민에게 알렸다.[4] 김장겸 MBC 사장은 고려대를 졸업하셨다.

지금의 MBC를 김장겸 씨 혼자 만들 수는 없었다. 지난 10년간 MBC 사장을 역임한 분들의 노력이 없었다면 지금의 MBC도 없었을 것이다. 김재철(고려대), 김종국(고려대), 안광한(고려대) 모두 지금의 MBC를 위해 혼신의 힘을 다하신 분들이다. 김재철 사장은 "나는 정권에 굴복하지 않고 사원들을 위해 올바른 인사를 하겠다"며 <PD수첩>의 최승호 PD와 박성제 기자를 해고했다. 당시 MBC의 백종문 본부장은 "왜냐면 그때 최승호하고 박성제 해고시킬 때 그럴 것을 예측하고 해고시켰거든. 그 둘은, 왜냐면 증거가 없어. 걔네들은 노동조합 파업의 후견

3   주간경향 2017.08.09 위의 기사

4   주간경향 2017.08.09 위의 기사

인인데, 후견인은 증거가 남지를 않는다. 그런데 얘네 둘
은 가만 놔두면 안 되겠다 싶어 가지고 해고를 시킨 것"
이라고 했다.[1]

또한 'VIP가 보시기 좋은' 방송을 마음껏 만들 수
있었던 이유는 방송문화진흥회 이사장인 고영주 씨가 있
었기 때문이었다. 새누리당이 추천하고 박근혜 전 대통
령이 임명한 고영주 방송문화진흥회 이사장은 영화 <변
호인>으로 잘 알려진 부림사건의 검사이기도 했다. 그는
2013년 '애국시민사회진영 신년하례회'에서 "제가 1982
년도에 공안부에 검사로 있을 때, 제가 부림사건의 검
사입니다. 부림사건은 그런 민주화운동이 아니고, 공산
주의 운동이었습니다. 그러기 때문에 저는 문재인 후보
도 공산주의자이고 이 사람이 대통령이 되면 우리나라
는 적화되는 것은 그야말로 시간문제라고 저는 확신을 하
고 있다"고 말했다.[2] 부림사건 피해자들은 재심을 통해서
2014년 대법원에서 모든 혐의에 대해 무죄판결을 받았다.
그의 말대로 문재인 후보가 대통령이 되었으니, 대한민국
이 적화되는 것은 시간문제일지도 모른다. 정말 큰일이다.
고영주 이사장은 서울대를 졸업하셨다.

1   경향신문 2016.01.25 「"최승호·박성제 파업 배후 증거 없지만 해고했다"…
     MBC 녹취록 공개」

2   중앙일보 2016.10.08 「고영주 "문재인 공산주의" 패소하자… "판사가 민주
     당"」

한겨레 2016.5.25, 〈한겨레그림판〉

이분들 덕분에 김경화, 김정근, 나경은, 문지애, 박소현, 박혜진, 방현주, 서현진, 오상진, 최윤영, 최현정 등 11명의 아나운서들이 MBC를 떠났다. 망가져버린 MBC가 다시 예전의 '만나면 좋은 친구'로 돌아오기를 간절히 바란다.

지난 10년간 망가진 방송이 어디 MBC뿐이겠는가? 이병순(서울대), 김인규(서울대), 길환영(고려대), 조대현(고려대) 모두 KBS 사장님이셨다. 아참, YTN도 공영방송이다. 구본홍(고려대), 배석규(연세대), 조준희(한국외대), 김호성(사장대행, 고려대) 모두 YTN 사장을 역임한 분들이다. 공영방송이 망가지기 시작한 순간을 만평으로 대신한다.

A 경향신문 2008.8.29, 〈김용민의 그림마당〉
B 경향신문 2008.8.23, 〈김용민의 그림마당〉
C 경향신문 2010.8.20, 〈김용민의 그림마당〉
D 경향신문 2009.11.21, 〈김용민의 그림마당〉

"똥을 싸질러 놓았다"고 말하고 싶었지만, 차마 할 수 없었다. 그런데 '프드득'이라는 의성어로 그 수많은 일들을 쉽게 설명할 수 있을 것 같다. 8년이라는 시간이 지나고 나서야 진가를 알 수 있는 만평을 그려주신 경향신문의 김용민 작가님께 경의를 표한다. 정치·사회적으로 복잡하고 어려운 일이 있을 때, 김용민의 그림마당은 단순하게 진실을 보여준다. 속이 다 후련하다.

방송에 대한 이야기에서 빠질 수 없는 분이 한 분 더 계시다. 바로 최시중 전 방송통신위원회 위원장이다. 그는 공영방송이 자기 역할을 하지 못할 것을 알고 계셨던 것처럼 2010년에 조선일보의 TV조선, 동아일보의 채널A, 매일경제의 MBN, 중앙일보의 JTBC를 각종 특혜와 편파 심사 의혹에도 종합편성방송으로 허가를 내주었다. 놀라운 선견지명으로 지금의 손석희 씨를 만들어주신 셈이다. 아참, 최시중 씨는 파이시티 대표로부터 8억 원을 받은 혐의로 징역 2년6개월을 선고받았으나, 3개월 뒤에 이명박 대통령의 특별사면 명단에 포함되어 사면되었다. 최시중 씨는 만사'형'통으로 통하던 이명박 대통령의 형님과 서울대 동기다. 그의 뒤를 이어 방통위를 물려받으신 이계철 위원장은 고려대를, 이경재 위원장과 최성준 위원장은 서울대를 졸업하셨다.

KBS, MBC, YTN은 공영방송이다. 모두 국민들이 주인인 방송사다. 80년대인 5공 시절에는 '땡전 뉴스'라는 말이 있었다. 9시를 알리는 '땡'하는 시계가 소리가 들리면 뉴스가 시작되었는데, 시작과 동시에 앵커들은 "전두환 대통령 각하께서는…" 하며 첫 메인 뉴스를 항상 '전' 두환 대통령 각하로 시작했다. 불이 나서 많은 사람이 죽어도, 수해가 나서 많은 이재민이 피해를 당하고 있어도, 정치인의 비리 의혹에 온 사회가 시끄러워도, 전두환 대통령 각하가 고아원을 방문하고, 경제인을 위로하고, 프로야구에서 시구를 하는 모습을 메인 첫 뉴스로 알렸다. 그야말로 "땡"…"전" 뉴스였다. 국가 권력의 시녀였던 공영방송을 민주적으로 운영해나가기 위한 노력은 87년부터 20년 가까이 지속되었다. 하지만 2008년 이후 그런 노력이 물거품이 되었다. 30년 전으로 돌아간 공영방송을 지금 시대에 맞게 바꾸기 위해서는 또 얼마나 많은 시간과 노력이 필요할까?

3

뭘 잘해서

서연고에 갔을까?

어떻게 공부해서 서연고에 갔을까?

50년 전과 똑같은 교실

교육에 대한 비판은 차고 넘친다. 그렇게 넘치는 그
릇 위에 담기지도 못할 비판을 또 쏟아부어야 하는 마음
이 무겁다. 그럼에도 엉터리 교육이 만들어내는 서연고
학생들과 그들이 누리는 부당한 특혜를 그냥 둘 수는 없
다. 우선 학교 교실에서 출발해보자. 학교에서 최상위권
이었을 서연고 학생들은 학교 수업의 최대 수혜자다. 과
연 그들은 학교 수업에서 무엇을 어떻게 배운 것일까?

강의식 수업은 한 명의 교사가 30명의 학생들에게
일방적으로 지식을 전달하는 수업이다. 가르치는 학생 수
는 달라지고 있지만 50년 전이나 30년 전이나 수업 방식
은 변함이 없다. 우리들은 학생들이 둥글게 앉아 서로 질
문하고 대답하는 모습을 열심히 공부하는 모습으로 생각
하지 않는다. 모두가 한 방향으로 앉아서 필기를 하면서
고개를 끄덕이며 수업을 듣고 있어야 열심히 공부하고 있
다고 생각한다. 최근에는 수업 영상을 먼저 보고 수업 시
간에는 질문과 토론을 진행하는 거꾸로 교실이나 학생들

이 직접 수업을 진행하는 프로젝트 수업에 대한 관심이 높지만 아직은 강의식 수업이 학교 수업의 대부분을 차지하고 있다. 물론 강의식 수업의 장점도 있다. 강의식 수업은 비교적 짧은 시간에 많은 학생들에게 많은 양의 지식을 효율적으로 전달하는 수업 방식이다. 더군다나 지금과 같은 형식의 객관식 시험을 잘 보기 위해서는 토론식 수업보다 강의식 수업이 훨씬 좋다.

하지만 강의식 수업은 주입식 교육의 가장 일반적인 형식이다. 강의식 수업은 학생들을 주체적으로 공부할 수 없게 만든다. 내용을 이해했느냐 못 했느냐가 중요할 뿐이지 내용에 대한 의문을 가질 필요가 없다. 심지어 의문을 가지는 것 자체가 시험에 도움이 되지 않는다. 따라서 일방적인 강의식 수업을 통해서 비판적 사고력은 가질 수가 없다. 또한 문제에 대한 다양한 접근 방식이 배제되어 창의력을 키울 수도 없다. 자신의 생각을 표현할 통로도 없지만 자신의 생각을 가질 필요도 없는 것이다.

죽은 지식이 너를 서연고에 보낼지니

강의식 수업의 가장 큰 문제는 지식이 딱딱하게 고정된 형태로 전달된다는 점이다. 교단에 서 있는 선생님은 시험문제를 출제하는 존재다. 질문도 허용되지 않고

수업 내용이 시험문제로 그대로 출제되는 상황에서 선생
님의 말씀은 절대적인 힘을 가지게 된다. 그러니 선생님
이 말씀한 내용 그대로를 머릿속에 저장할 수 있어야 한
다. 그래서 지식은 고정된 절대적인 것이 된다. 수업시간
에 자신의 생각은 중요하지 않다. 학생들은 주어진 지식
을 흐트러짐 없이 고스란히 받아들여야만 한다. 학교에
서 공부를 잘하는 가장 쉬운 방법은 열심히 적는 것이다.
서연고를 갈 수 있는 최상위권 학생들은 특히 더 열심히
받아 적는다. 이해보다는 시험에 나올 만한 핵심 내용을
필기하고, 외워서 기억하는 것이 손쉽게 성적을 올리는
방법인 셈이다.

　　대한민국 교실에서는 결코 자기 생각을 해서는 안
된다. 능동적이고 적극적인 사고는 필요 없다. 학습과 관
련된 능동적이고 적극적인 자기 생각은 오히려 시험을
못 보게 만들 뿐이다. 그저 주어진 것을 받아들이기만 하
면 된다. 학교에서 질문은 불필요한 짓이다. 다른 학생들
의 눈치도 보이고, 수업의 흐름을 끊을지도 모르기 때문
이다. 심지어 질문을 하는 경우 대부분은 선생님에게 혼
나거나 무시당할 각오를 해야 한다. 질문도 알아야 할 수
있다. 선생님이 "좋은 질문이다"라고 할 만한 질문이어야
질문을 할 수 있기 때문이다. 대한민국 교실에서 질문은
아는 것을 드러내는 수단일 뿐이다. 정말 몰라서 질문하
면 "지금까지 제대로 안 듣고 딴 생각"했냐고 야단맞기

십상이다. 그래서 지식은 융합되어 흐르지 못하고 딱딱하
게 고정된 형태로 보관된다.

　　진짜 배움은 많은 즐거움을 준다. 인간은 아는 과정
에서 큰 기쁨을 느낀다. 본능적으로 앎은 삶의 불안을 제
거해주는 중요한 요소이기 때문이다. 자연에 대해서, 세
계에 대해서, 사회에 대해서, 그리고 나에 대해서 더 많
은 것을 알고 싶은 것이 인간의 기본적인 욕구다. 세상을
더 깊이 이해하는 기쁨을, 나의 인식과 생각의 방향이 바
뀌는 즐거움을 느끼고 싶은 것이다. 그러나 학교에서 입
시 중심의 공부를 통해서는 그런 앎의 욕구를 채울 수가
없다. 들은 대로, 본 대로, 기억하고 있는 그대로 문제를
풀어야 성적을 올릴 수 있다. 생각하지 않는 공부를 하는
것이 성적을 올리는 데에 더 유리하다. 그저 시험을 잘 보
고 성적을 올리기 위해서, 대학을 잘 가기 위해서 고통스
럽고 힘든 일을 해야 할 뿐이다.

　　이렇게 지식이 고정된 절대적인 것이 되면서 학생들
은 공부의 주체가 될 수 없다. 합리적인 의문을 가지고 문
제를 제기하고자 하는 욕구조차 없어지게 되었다. 주어
진 지식과 정보를 내 것으로 만드는 과정에서 자신의 생
각이 철저하게 배제된 것이다. 배운 내용과 나를 분리하
는 훈련을 하는 곳이 학교인지도 모른다. 이런 학교 수업
을 가장 열심히 듣고, 시험을 잘 치르는 학생들이 서연고

학생들이다. 의사도 검사도 관료도 많은 경우 자신의 생
각 따위는 가지지 않는 사람들이다. 그들은 학교에서 배
운 대로 단지 윗사람의 지시에 충실하다. 그들은 주어진
문제의 답을 찾는 것에 충실할 뿐, 문제제기를 하지 않는
다. 서연고 학생들의 상당수는 기존의 권위에 기대어 권
위주의자가 되려는 자들일 뿐이다.

참고서와 교과서

　책을 통해서 알아야 할 것은 책 자체가 아니다. 책에
서 이야기하고자 하는 주제는 자연과 사회 그리고 인간
에 관한 것이다. 학교에서 배우는 교과서도 교과서 밖에
있는 세상의 변해가는 진리를 담아내려 한다. 그런 책을
통해서 우리는 세상에 가까워지는 기쁨을 느낄 수 있다.
그런데 학교 수업은 책을 변하지 않는 절대적인 진리인
것처럼 가르친다. 우리는 책 너머에 있는 진짜 진리는 볼
수가 없다. 주체적인 사고력과 탐구능력을 키우지 못하는
공부를 우리는 12년이나 하고 있다. 책 너머의 진리를 알
고자 하는 의지는 점점 사라지고, 공부란 단지 책에 나와
있는 것과 선생님이 말씀해주시는 내용을 벗어나지 않고
외우는 일이 되었다. 책 너머의 고민을 하는 순간 성적은
떨어진다. 그래서 결국 우리들은 지식의 생산자가 될 수
있다는 생각을 하지 못하게 되었다. 그저 주어진 지식의

소비자로만 존재하게 된 것이다.

그런데 같은 책이라고 하더라도 교과서와 참고서는 큰 차이가 있다. 대입 준비의 기본은 교과서다. 수능 만점자들은 한결같이 교과서 위주로 학교 수업을 충실하게 들었다고 한다. 물론 이런 말을 믿는 학생은 아무도 없다. 교과서는 학생들에게는 외면받고, 전문가들에게는 찬양받는 대입 교재다. 교과서의 지위가 낮아진 결정적인 이유는 참고서 때문이다. 교과서는 문단 단위의 글로 구성한다. 긴 글을 이해하는 과정에서 핵심 단어와 의미를 찾아내야 시험을 잘 볼 수 있다. 하지만 참고서는 이런 과정을 대신해준다. 참고서는 긴 글이 아닌, 핵심 단어와 의미를 중심으로 시험에 나올 수 있는 부분을 강조해서 보여준다. ①②③④⑤와 같은 번호로 핵심 내용을 명사형 문장으로 정리해주기도 하고, 화살표를 통해서 인과관계나 시간의 흐름을 보여주기도 한다. 표와 그래프를 통해서 글의 흐름을 시각화하는 것은 물론이다. 이렇게 여러 가지 방법들을 통해 참고서는 시간을 단축해서 효율적으로 시험을 잘 볼 수 있도록 한다.

교과서로 공부를 하는 것과 참고서로 공부를 하는 것의 차이는 시험에서 잘 드러나지 않는다. 아니, 참고서로 공부한 학생이 더 시험을 잘 볼 수 있을지도 모른다. 하지만 참고서는 시험을 넘어서는 학습능력을 키울 수가 없다. 참고서는 다양한 해석을 금기시한다. 그저 모든 지식을 객관식 문제화 시킨다. 편리하게 시험을 볼 수 있게 해주는 만큼 생각의 성장을 막는다. 교과서를 단편적인 지식으로 나누고 쪼개어 단순화시키기 때문이다. 참고서는 그저 단편적인 질문에 단답형 답만을 유도하는 '도전 골든벨'을 울리게 하는 공부에 도움이 될 뿐이다. 참고서보다 더 무서운 것은 사교육이다.

사교육은 어떻게 서연고 학생을 만들까?

학원은 참고서보다 핵심 정리와 요약을 잘 해준다. 시험에 출제될 만한 중요한 내용과 불필요한 내용을 쉽게 구분할 수 있게 한다. 더구나 수업도 매우 역동적이다. 학교 수업이 매일 똑같은 식빵만 먹는 느낌이라면 인강이나 학원 수업은 영양분까지 고려해서 맛있는 것만 골라서 차려주는 한정식이나 코스 요리를 먹는 느낌이다. 그럼 사교육을 많이 받은 서연고 학생들은 풍부한 지식과 깊은 사고력을 가지고 있을까?

역설적으로 사교육 강사들이 수업을 너무 잘하기 때문에 학생들은 공부를 못하게 된다. 수업을 잘한다는 말의 의미를 낮은 수준과 높은 수준으로 나누어서 살펴보자. 낮은 수준에서 수업을 잘하는 강사들은 시험에 나올

수 있는 내용의 요약, 정리를 잘 해준다. 출제 가능성이
높은 문제들도 잘 찍어준다. 따라서 강사가 나눠주는 정
리된 프린트와 예상 문제들만 열심히 읽고 풀어도 어느
정도 성적이 향상된다. 자신의 머리는 사용할 필요가 없
어진다. 내용을 이해하기 위한 노력을 덜해도 된다. 단지
기계처럼 외우고 반복적으로 비슷한 유형의 문제를 풀
면 된다. 그래서 학생들은 교과서처럼 긴 문단의 글을 읽
는 것을 싫어한다. 본문을 스스로 독해하지 않고 정리되
고 요약된 내용만을 볼 뿐이다. 그런 과정이 지속되면서
학생들은 글을 읽는 힘을 잃고 있다. 자기 스스로 글을
읽고 의미를 파악하지 못하는 것이다. 과연, 시험에 나올
수 있는 문제와 핵심 내용을 쉽게 요약, 정리 잘 해주는
선생님이 공부를 잘하게 하는 것일까, 공부를 못하게 하
는 것일까?

　　그럼 높은 수준에서 수업을 잘하는 강사는 어떨까?
여기서 높은 수준에서 수업을 잘한다는 표현은 단순 요
약, 정리가 아닌 깊이 있는 내용과 배경지식을 알려주는
강사를 뜻한다. 단순히 시험에 출제되는 문제의 정답을
맞히기 위한 강의가 아니라 학습 내용의 핵심적이고 본
질적인 의문을 제기하고 이를 해결해나가는 과정을 강의
를 통해서 보여주는 것이다. 유명 인강 강사들의 수업은
이런 방식으로 진행된다. 학생들은 수업을 들으면서 해당
과목에 대한 깊이 있는 지식을 얻고, 몇 개의 핵심 원리

를 통해서 다양한 문제를 해결할 수 있는 능력도 가질 수
있다. 더구나 재미까지 있다. 좋은 강의가 실력 향상에 큰
도움을 주는 것은 분명한 사실이다.

　　하지만 중요한 문제점과 핵심 내용을 강사의 강의를
통해서 이해하는 것과 스스로 책을 통해서 이해하는 것
은 근본적인 차이가 있다. 공부는 결국 자신의 머리로 하
는 것이다. 책을 읽는 과정에서 스스로 핵심을 발견하고
또 의문을 가지고 그것을 해결하려는 노력과, 강의를 통
해서 핵심을 듣고 의문이 해결되는 것은 전혀 다른 일이
다. 스스로 책을 읽으면서 핵심 내용을 이해하려고 노력
하는 과정에서 우리의 머릿속에서는 많은 일이 벌어진다.
단어와 문장의 의미를 이해하려는 과정에서 자신이 가진
경험과 배경지식을 꺼내어 맞추어본다. 그러면서 오해를
바로잡기도 하고 기존의 생각들을 더 확실하게 다져나갈
수도 있다.

　　그러나 강의를 통해서 얻게 되는 핵심 내용에는 이
러한 과정이 생략된다. 문제제기도 강사가 하고, 답을 제
시하는 것도 강사일 뿐이다. 강사는 미리 잘 다듬어서 만
들어놓은 길을 따라서 핵심 내용에 접근할 뿐이다. 내 경
험과 배경지식이 활용되지 못하는 것이다. 비록 시간이
오래 걸리고 힘들지만 스스로 만들어가는 구불구불한 길
을 통해서 접근해가는 것과, 빠르고 쉽게 갈 수 있지만

다른 사람이 만들어놓은 길을 통해서 가는 것은 전혀 다르다. 물론 서연고에 합격하기 위해서 구불구불한 길을 갈 필요는 없다.

　많은 학생들이 쉽게 만들어놓은 길만 가려고 하다 보니 스스로 의문을 가지는 법을, 스스로 탐구해나가는 방법을 잃어버리고 있다. 학생들은 강의를 잘하는 강사들이 만들어놓은 쉬운 길을 통해서 실력이 향상된다는 착각을 한다. 놀이동산에서 편하게 배를 타고 '신밧드의 모험'을 구경한다고 해서 진짜 모험을 한 것은 아니다. 사교육을 통해서는 진짜 실력은 쌓지 못하고 실력이 생긴 '느낌적인 느낌'만 들 뿐이다. 실제 자신의 실력과 자신이 느끼는 실력의 차이가 크게 벌어지는 것이다. 서연고 학생들의 상당수는 사교육에 중독되어 누군가가 핵심을 짚어주고 문제점을 알려주어야만 하는 존재인 건 아닐까.

　학원 강사들은 수업을 하면서 강의를 하고 있는 자기 자신을 끊임없이 강조한다. 학생을 길들이는 것이다. 그들은 본인이 아니면 성적 향상과 원하는 대입 결과를 얻을 수 없을 것처럼 말한다. 매 수업마다 자신의 능력을 과장하고 절대적인 것처럼 꾸미는 것은 물론이다. 그 과목에 있어서만큼은 강사는 신이 되어야 한다. 서연고로 이끌어줄 절대적인 존재가 되어야 한다. 그렇게 그들은 수준 높은 강의로 학생들을 종속시키고 중독시킨다.

교육 서비스에 중독된 최상위 소비자

서울 강남의 A중학교 3학년인 도모(15) 군에게 들어가는 한 달 사교육비는 200만~350만 원이다. 1년이면 4000만 원이 훌쩍 넘는다. 도 군은 일주일에 한 번 오후 9시부터 다음 날 새벽 2시까지 친구 2명과 함께 그룹과외를 받는다. 과학고 입시 준비를 위해서다. 한 달 과외비 400만 원은 3명이 분담해 133만 원씩 낸다. 내신 성적을 위해 국어·영어·수학 각 과목당 35만~50만 원 하는 족집게 과외를 받고, 물리·화학 올림피아드나 대학 주최 경시대회가 열릴 때면 100만 원짜리 단기 과외도 받는다. 그의 어머니는 "5세 전후로 영유아 대상 영어학원을 보내고, 초등 3학년부터 선행학습 학원을 보내거나 과외를 시키는 게 특목고·명문대 입시를 준비하는 일반적인 코스"라며 "솔직히 요즘엔 돈 없으면 개천에서 용 나기 힘들다"고 말했다.[1]

서연고 학생들의 상당수는 강남 3구 출신이다. 그들은 어려서부터 사교육의 최상위 소비자들이었다. 그런데 그들이 돈을 투자하면서 성적을 얻는 동안 그들이 더 큰 것을 잃고 있다는 것은 알고 있을까?

학부모들과 학생들이 알지 못하는 사교육의 가장 큰

1　　한국일보 2014.10.14 「부모의 재력이 학생의 경쟁력」

단점은 별도의 돈을 내고 수업을 듣는다는 점이다. 수업을 듣기 위해 돈을 내고 학원을 다니는 것은 너무 당연한 사실이다. 학생들도 학원에서 수업을 들으면서 그 사실을 잘 알고 있다. 즉, 돈을 낸 만큼의 서비스를 받을 권리가 있다는 사실을 인지하고 있다. 학원에서 학생들은 학생이면서 고객이다. 그래서 학생들은 자신들이 낸 돈만큼의 서비스를 요구한다. 학생들은 사교육을 받으면서 지불한 돈만큼 서비스를 받고 있는지 자연스럽게 머릿속으로 계산을 한다. 그것이 실제적인 효과가 되었든, 명성과 실적이 되었든, 재미있는 수업이 되었든, 학원 관계자들의 관심과 정성이 되었든, 항상 지불한 돈과 비교하지 않을 수가 없는 것이다.

사교육에 익숙한 학생들에게 교육은 이렇게 상품화, 물질화되어 있다. 다른 친구가 공부를 잘하는 것도 비싼 돈을 지불하고 구입한 교육 서비스 때문이라고 생각한다. 그리고 자신이 실력 향상이 안 되는 이유를 좀 더 싼 가격의 교육 서비스 상품을 사용하기 때문이라고 생각하기도 한다. 무섭고 슬픈 이야기다. 이런 학생들에게 공부란 무엇일까? 혹시 돈의 액수만큼 구매가 가능한 것이 되어 버린 것은 아닐까?

수치화되고 계산 가능한 교육이란 과연 존재할 수 있는 것일까? 배움이 수치화된 점수로 계산될 수 있는 대한민국에서는 가능한 일일지 모르겠다. 배움마저도 돈을 지불하고 구입할 수 있는 상품이 되어 온갖 사교육 기관에서 광고를 한다. 서연고 졸업장을 통해 너의 상품가치를 높여주겠다면서 떠들어댄다. 학생들은 자신의 상품가치를 높이기 위한 투자를 한다. 투자대비 효용이라는 경제적 관점이 모든 것을 압도한다. 노력도 돈도 모두 그만큼의 효용가치가 있어야 투자할 수 있는 것이다. 그래서 학생들은 쓸모 있는, 투자가치가 있는, 효용가치가 있는 수업만을 교육이라고 생각하고 있는지도 모른다. 그래서 그들은 대학에 입학하고 취업할 수 있게 하는 배움만을 필요로 한다. 과연 서연고 학생들은 거래 가치가 있는 물질화된 교육에서 벗어날 수 있을까?

우리가 서연고 학생을 우러러보는 이유는 그들이 가진 뛰어난 능력 때문일 것이다. 공부를 잘한다는 것은 큰 능력이다. 다른 능력보다 뛰어난 능력이라고 말할 수는 없지만, 다른 능력에 비해 훨씬 큰 대접을 받는 능력인 것만은 분명하다. 하지만 그들이 가진 그 능력은 존중받을 만한 것이기는 할까? 책 너머를 보지도 못하고, 참고서와 사교육을 통해서 만들어진 굳어진 지식을 가지고 있을 뿐인 그들을 말이다.

평가를 위한 교육, 교육을 위한 평가

견월망지(見月望指)하지 말고

교육적 가치에 부합하는 평가 방식에 대한 비판의 핵심은 '변별력과 공정성'이다. 좋은 교육 좀 하자고 하면 변별력이 없다고, 공정한 선발이 가능하지 않다고 비판을 한다. 더 나아가서 학습능력을 향상시키는 가장 중요한 방법이 경쟁이라는 주장도 심심찮게 볼 수 있다. 경쟁이 필요한 이유는 수요와 공급의 차이 때문이다. 많은 학생들이 소수의 대학을 원하고 있으니 학생을 선발하기 위한 공정한 방법은 성적순으로 선발해야 한다는 것이다. 그래서 교육적 가치가 높은 수업 방식과 평가 방식은 외면받고, 거부당하고 있다. 수행 평가의 확대, 수능 절대평가는 근본적으로 경쟁 위주의 평가 방식을 바꾸기 위함이지만 경쟁이라는 시각으로 잘리고 변형되어 제 기능을 할 수 없을 것이라는 생각이 든다. 서연고에 갈 학생을 선발하기 위해 더 좋은 교육과 평가시스템을 도입하지 못하는 것이다.

불교의 능엄경에는 견월망지(見月望指)라고 하는, 달

과 손가락에 대한 이야기가 있다. 여기서 망(望)은 '우러러 보다'라는 뜻으로 달을 보겠다면서 손가락만 쳐다본다는 뜻이다. 달이 근본 목표이고 손가락은 근본 목표에 이르는 방법인데, 사람들이 근본 목표가 아닌 방법을 가리키는 것에만 집중하고 있는 어리석음을 표현한 말이다. 교육의 근본 목표는 결과로 나타나는 성적과 대학 입학만은 아니다. 제대로 된 교육을 하고 그에 따라 사물과 사회에 대한 호기심, 문제점을 제시하고 해결하고자 하는 욕구, 인문 지식과 과학 지식을 통해 세상을 좀 더 행복하고 편리하게 만들고자 하는 자세와 태도가 더 중요한 교육의 근본 목표라고 할 수 있다. 하지만 지금의 교육은 달을 가리키는 손만 보고 있을 뿐이다.

목적과 본질을 잊고, 수단과 허상에 집착하는 교육

교육의 본질은 평가 결과에 있지 않다. 수학 몇 점을 받았느냐가 중요한 것이 아니라 수학적 사고능력을 키우고 있느냐가 더 중요하다. 하지만 지금의 교육에서는 오히려 뛰어난 수학적 사고능력을 가진 학생마저도 유형별 문제풀이만 할 뿐 스스로 의문을 가지고 문제를 해결하려고 하지 않는다.

국어 수업의 예를 들어 수사법을 가르친다고 해보

자. 수사법은 조선시대에도 고려시대에도 신라시대에도 있었다. "돼지 같은 놈", "꽃처럼 아름다운 그대"라는 표현이 설마 20세기 들어와서 쓰인 표현은 아닐 것이다. "살고자 하면 필히 죽을 것이요, 죽고자 하면 살 것이다"는 죽을 각오로 적에게 맞서야 한다는 역설법이다. 수사법은 자신이 말하고자 하는 것을 더 효과적으로 표현하기 위해 표현에 변화를 주기도 하고, 강조하기도 하고, 다른 것에 빗대어 표현하는 방법이다. 이런 수사법들은 20세기에 들어서야 국어 학자들을 통해 분류되고 정리되었다.

문제는 많은 학생들이 수사법을 사용하는 이유와, 사용을 통해서 만들어지는 효과는 잘 알지도 못하는 채로 그저 시험문제를 맞히기 위해서 단순하게 암기를 하고 있는 것이다. 역설법이 무엇인지도 모르는 채로 그저 "님은 갔지마는 나는 님을 보내지 아니하였습니다", "소리 없는 아우성", "찬란한 슬픔의 봄" 같은 예문 몇 개를 외우고, "표면적으로 모순되거나 부조리한 것 같지만 그 표면적인 진술 너머에서 진실을 드러내는"과 같은 역설법의 정의를 외우고 있을 뿐이다. "찬란한 슬픔의 봄"이라는 표현이 시에서 가지는 깊은 의미는 헤아려보지도 않은 채로 그냥 "찬란한 슬픔의 봄"에 밑줄을 긋고 역설법이라고 써놓는다. 시를 이해하지 못해도 시험문제는 풀 수 있을 정도만 알면 되기 때문이다. 국어만이 아니다. 과학도 사회도 영어도 그렇게 가르치고, 배운다.

진짜는 책 너머에 있다. 물론 진짜를 알기 위해서는 책을 통하는 것이 가장 좋은 방법이다. 하지만 우리의 교육은 책 너머를 볼 수 없게 한다. 책에서 말하고자 하는 진짜 이야기에는 관심이 없다. 단지 시험에 나온다고 필기하고 별표를 친 것만 외우면 되기 때문이다. 그래서 학생들은 공부한 내용을 깊이 있게 이해할 필요가 없다. 자신의 생활과 삶에 연결되어 있는 많은 내용들도 받아들일 필요가 없다. 공부는 다른 친구보다 더 좋은 성적을 얻기 위한 수단일 뿐이기 때문이다. 그러니 시험을 잘 보는 것만이 중요하다. 우리는 진정한 목적과 본질을 잃어버린 채로 수단과 허상에만 집착하게 하는 교육을 하고 있다. 물론 이 모든 것이 서연고 입학의 정당성을 마련하기 위한 그놈의 변별력 때문이다.

견월망지(見月忘指) 하라

지금의 대한민국 교육은 견월망지(見月望指)처럼 본말이 전도되어 있다. 진정한 교육은 견월망지(見月忘指)해야 한다. 여기서 망(忘)은 '잊다'는 뜻으로 달을 보려면 손가락은 잊어야 한다는 뜻이다. 평가의 목적은 학생의 학업능력을 평가해서 제대로 공부한 부분과 부족하게 공부한 부분을 확인하는 것이다. 진짜 평가는 부족한 부분에 대한 공부를 더 할 수 있도록 하여 지속적으로 학습능력을 성장시킨다.

시험 결과가 아닌 공부 내용 자체에 집중하게 되면 많은 학생들이 자신이 잘하는 분야에 더 집중해서 즐겁게 공부할 수 있다. 대입이라는 냉혹한 현실 앞에서 너무 이상적인 이야기일까? 그렇지 않다. 많은 선진국에서 실제로 진행되고 있다. 흔히 핀란드를 이야기하지만 핀란드 외에도 많은 선진국들이 경쟁의 요소를 최소화하면서도 높은 교육적 효과를 만들어내고 있다. 그것이 더 교육적일 뿐만 아니라 효율적이기 때문이다.

평가를 위한 교육이 아니라 교육을 위한 평가가 이루어져야 한다. 그래야만 수업이 바뀌고, 선생님이 바뀌고, 학교가 바뀔 수 있다. 소수를 선발하기 위한 지독한 경쟁은 공부의 껍데기만 힘들게 배우는 헛공부를 하게 만들고 있다. 공부를 잘한다고 하는 상위 1%의 학생들도 의문을 가지는 공부, 문제제기를 하는 공부, 방향을 만들어가는 공부를 하지 못한다. 그저 평가를 위해서 남이 만들어놓은 문제에 답을 달기 위한 공부만을 하고 있다. 그래서 대학에 가서도 취업을 위한 공부, 시험에 합격하기 위한 공부만 지속된다.

그렇게 남을 이기기 위한 공부는 힘들기만 하다. 공부를 잘하는 기준이 '남'에게 맞춰져 있어서 주체적인 공부를 할 수가 없기 때문이다. 결과만 중시하다 보니 아이들에겐 공부의 과정이 사라져버렸다. 미래만 중시하다 보니 아이들에겐 현재가 사라져버렸다. 이기기 위한 공부를 하다 보니 지는 것에 대한 두려움만 커졌다. 그래서 공부는 버텨내야 할 것으로 변해버렸다. 지긋지긋하지만 참아야만 하는 것이다. 그래서 우리는 아이들에게 세상에 대한 호기심을, 문제를 발견하는 능력을, 세상을 더 행복하고 편리하게 만들고자 하는 마음을 빼앗아버렸다. 스스로 궁금해서 배우고자 하는 마음은 없어졌다. 그래서 결국 잘 버티고 참는 아이들만 서연고에 합격한다.

선발이 아닌 성장을, 경쟁이 아닌 진단을, 개인 학습이 아닌 협동 학습을, 효율성이 아닌 가치를, 결과가 아닌 과정을 중요하게 여길 수 있는 교육이 필요하다. 이것이 죽어가는 교육을 살릴 수 있는 길이라고 믿는다. 하지만 이러한 주장은 너무 '이상적'이라는 비판 앞에 무기력하다. 입시라는 '현실'은 이런 모든 장점들을 경쟁의 논리 앞에 무릎 꿇게 한다. 경쟁은, 공정함과 변별력을 앞세워 평가 방식을 결정짓는다. 서연고로 시작하는 학벌 피라미드를 위해서 교육이 망가진 것이다.

그냥 외우면 서연고

93년까지의 대입은 암기능력이 좌우했다. 그저 시험에 나올 문제를 외우기만 해도 서연고를 갈 수 있었다. 하여 80년대까지도 시험에 나올 문제를 찍어주는 학원 강사가 최고의 강사였다. 물론 서연고 합격생 중에는 단순 암기가 아닌 뛰어난 학습능력과 우수한 사고능력을 가지고 있는 학생들도 많이 있었을 것이다. 문제는 암기만 잘하는 학생과 사고능력이 뛰어난 학생 모두 서연고 합격을 위한 시험에서는 아무런 실력 차이가 나지 않는다는 점이다.

지금 40대 중반 이후의 사람들은 모두 학력고사 세대들이다. 그저 국영수를 비롯해서 사회, 과학까지 모두 열심히 외운 사람들이다. 국어는 고전문학에서 ( ) 안에 들어갈 부분을 찾아야 하는 문제가, 사회는 사건의 연도별 순서를 외워야 풀 수 있는 문제가 출제되었다. 영어도 『성문 종합영어』를 달달 외웠고, 수학도 『수학의 정석』 실력편을 달달 외웠다. 좀 더 요령껏 더 빨리, 더 많이 외우면 서연고를 갈 수 있었던 진정한 노력파인 것이다. 그리고 그렇게 서연고를 합격한 이들은 자신이 공부를 잘한다고 착각했다. 그리고 지금까지도 착각하면서 살고 있을 가능성이 매우 높다. 대학 졸업 후에 승진 시험이나, 자격증 시험을 위한 책 말고는 읽은 책도 없으면서 말이다.

이해가 필요한 수능

수능은 1993년에 실시되었다. 암기 중심의 학력고사 체제로는 시대의 변화를 따라갈 수 없다는 문제의식으로 통합적 사고력과 독해력 중심의 수능 체제로 바뀌었다. 당시로서는 혁신적인 변화였다. 학력고사를 준비하는 방법과 수능을 준비하는 방법은 전혀 달랐다. 수능은 처음 보는 낯선 지문을 읽고 문제에 답해야 했다. 중요하다고 밑줄을 쫙 긋고, 별표를 치고 시험에 나올 부분을 외운 학생들은 문제를 풀 수가 없었다. 글쓴이와 문제 출제자의 의도를 파악해야 정답에 근접할 수 있었다.

수능은 2000년대 중반까지 대입을 결정짓는 핵심 전형 요소였다. 학력고사와 수능의 결정적인 차이는 문제를 푸는 과정에서 두뇌의 작용 방향이 다르다는 점이다. 학력고사는 교과서나 참고서를 떠올리면서 문제를 푼다. 시험지 바깥의 정보를 기억해야 하는 것이다. 그러나 수능은 시험지 안에서 정답을 찾아야 한다. 단순 암기로는 문제를 풀 수가 없게 된 것이다. 수능은 단순 암기력에서 사고력을 측정하는 방식으로 평가 방법을 바꾼 것이 분명하다. 독해력과 사고력을 기르기 위한 과정에서 수능은 매우 효과적인 평가 방식이다. 폭넓은 사고력을 키울 수는 없지만 제한된 범위에서의 논리적인 사고력은 수능을 통해서 충분히 키울 수가 있다. 선택지가 있는 객관식 문제의 완성형이 수능인 것이다.

지금까지 이 책에서 거론한 서연고 출신들은 대부분 94년 전에 대학에 입학한 사람들이다. 따라서 그들이 했던 공부는 그저 외우기만 하면 되는 공부였다. 그렇다면 94년 이후에 대학에 합격한 서연고 출신들에게는 기대를 걸어봐도 좋을까? 수능 세대가 기득권층이 되는 시대는 조금 더 낫지 않을까? 단순하게 외우기만 한 것이 아니라 사고력을 측정하는 수능 시험에서 우수한 성적을 거둔 학생들이니 좀 다르지 않을까?

그렇게 되기를 간절히 바라지만, 그럴 가능성은 별로 없다. 학습 방법의 변화가 있었던 것은 분명하지만, 그렇다고 잘못된 대입의 본질이 바뀐 것은 아니었다. 안타깝게도 수능은 정답을 찾아내는 요령과 기술이 존재하는 시험이다. 지문을 읽고 이해해야 문제를 풀 수 있는 국어 시험마저도 지문을 이해하지 않고도 문제의 정답을 맞힐 수 있다고 수능 만점자들은 이야기한다. 기본적으로 다섯 개의 선택지 중에서 한 개의 정답을 선택하는 객관식 문제로는 깊은 사고력과 창의력을 키울 수가 없는 것은 물론이다. 원어민들도 풀지 못하는 이상한 영어 문제를 대한민국 수험생들은 잘도 풀어낸다. 내용에 대한 깊은 이해와 사고력이 필요한 시험이 아니기 때문이다. 학력고사보다 훨씬 진일보한 시험인 수능도 한계가 뚜렷한 평가 방식일 뿐이다. 그렇다면 시험 성적을 올리기 위한 기술적 요령과 죽은 지식을 의심 없이 받아들이기만 하

는 그들을 뛰어난 학습능력을 가지고 있다고 할 수 있는
것일까?

닭이 먼저일까? 달걀이 먼저일까?

학력고사와 수능에 이어, 학생부종합전형이 대입에
서 가장 중요한 전형이 되었다. 대학의 학생 선발 기준인
대입 전형이 복잡하게 많이 바뀐 듯하지만, 실제로 큰 변
화는 없다. 대학은 오로지 자사고와 특목고 학생들을 선
발하기 위해 노력해왔을 뿐이다. 그들이 이야기하는 우
수한 학생은 특이하게도 항상 중산층 이상의 학생들과
잘 맞아떨어진다. 교육에 투자할 여력이 있는 사람이 좋
은 성적을 거둘 수 있기 때문이라고 단순하게 말하기 어
려운 이유는 평가 방식이 항상 그들에게 유리하게 바뀌
고 있기 때문이다. 대학은 이미 선택받은 소수를 선발하
기 위해 노력하고 있는지도 모른다.

동국대 김낙연 교수가 2000~2013년 국세청 상속세
자료를 분석한 결과를 보면 국내 상위 10%에 속하는 부
자가 전체 자산의 66.4%를 보유하고 있다고 한다. 심각
한 양극화 사회다. 그런데 교육마저도 이 모양이다. 2016
학년도 서울대 대입 결과를 보면 자사고와 특목고, 그리
고 강남의 우수 일반고 학생들의 비율이 49%였다. 소수

의 명문고가 명문대 입학의 대부분을 차지하고 있다.

나는 사실 대학이 마련한 학생 선발 기준에 기득권층의 학생들이 맞추고 있는 것인지, 아니면 대학이 기득권층의 학생들을 모셔가기 위해 선발 기준을 그들에게 유리하게 맞추고 있는 것인지 의심스럽다. 극단적으로 문제제기를 하자면, 서연고는 학벌이 아니어도 사회적 지위를 가지게 될 학생들에게 자신들이 줄 수 있는 학벌을 바치려고 노력하고 있는 것은 아닐까? 학생부종합전형은 수능 점수로 한 줄 세워 학생을 선발하는 제도보다 월등히 우수한 제도다. 하지만 선발 주체인 대학을 믿을 수가

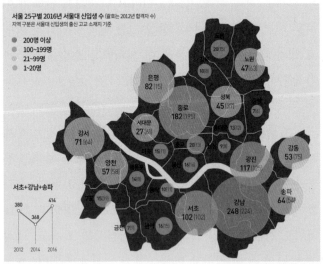

출처: 조선일보 2016.7.12의 도판을 기준으로 재작성

없기 때문에 자신들이 뽑고 싶은 학생만 편하게 뽑는 제도로 변질되었다. 아무리 좋은 제도를 도입한다고 해도 대학의 변화가 없다면 무용지물이 되고 있는 셈이다. 더 큰 문제는 대입을 교육의 최종적인 목적으로 생각하는 우리들이다. 명문대 입학을 위해서 공부를 시키는 중고등학교가 과연 정상적인 것일까?

중·고등학교 교육을 살려야 한다

중등교육은 중고등학교의 교육을, 고등교육은 대학교육을 뜻한다. 중등교육은 고등교육을 받기 위한 예비과정이다. 대한민국의 2016년 대학 진학률은 69.8%로 16년 만에 70% 밑으로 내려갔다. 대학 진학률이 세계 최고 수준인 대한민국에서는 고등학교는 대학을 위한 수단에 불과할지도 모른다. 하지만 유럽의 상당수 국가들은 중등교육인 고등학교를 고등교육인 대학에 진학하기 위한 수단으로 여기지 않는다. 쉽게 받아들이기 어려운 사람이 많을 듯하여, 한국교육개발원에서 미국, 영국, 독일, 프랑스, 핀란드, 호주, 일본, 중국의 대입 정책을 비교한 「대학입시 정책의 국제 비교 연구」 내용의 일부를 인용한다.

"각국은 대체로 고교교육과정 운영에서 다양한 교과목

을 운영하고 학생들의 성취를 절대적 수준에서 평가하고
이를 기록한다. 또한 중간/기말 등 특정 기간 내에 집중
적인 성취도를 평가하기보다는 평소의 학생들의 성취를
수차례에 걸쳐 평가한다는 점이 주목할 만하다. 이는 고
등학교는 후기 중등교육으로서의 보편적인 목표 달성을
위해 노력하고, 대학에서의 학생 선발은 가급적 이와는
독립적으로 운영된다는 뜻이 된다. 즉, 고등학교 교육이
대학의 학생선발과정의 변별력을 염두에 두고 고등학교
단계의 평가권한을 포기하는 일은 대체로 적어 보인다."
-486쪽

"유럽의 국가들은 대체로 고등학교의 내신 성적을 그대
로 반영하여 대학 입학을 진행하며, 이는 결국 중등교
육이 일부 대학의 이기적 선발 욕심에 의해 좌우되어서
는 안 된다는 사회적 합의가 작용하고 있다는 점을 시사
한다. 특히, 독일의 경우 주정부가 정한 오버스투페 과
정 수강 성적을 바탕으로 아비투어 성적을 합산하여 선
발자를 결정하는데, 아비투어의 과정에도 고교교사들
의 참여는 필수적이다. 프랑스의 경우 역시 중등학교 교
사들이 참여하는 바깔로레아 성적이 대학입학의 제도적
기반이 되며, 이는 고교 교육과 종사자들에 대한 존중이
깊이 배어 있다는 점을 시사한다." -497쪽

고등학교는 중등교육으로서의 보편적인 목표 달성

을 위해 노력하고, 대학에서의 학생 선발은 가급적 이와
는 독립적으로 운영된다는 뜻이다. 교육정책을 바로 세우
기 위해서는 고등학교를 대학입시와 분리해야 한다. 우리
에게 고등학교는 서열화된 대학 중 조금이라도 좋은 대
학에 합격하기 위한 수단이 되어버렸다. 하지만 고등학교
교육이 대학교에 입학하기 위한 수단이 되어서는 안 되
고, 대입제도의 변화에 따라 이리저리 끌려다녀서도 안
된다. 우리는 초등학교, 중학교, 고등학교를 거치면서 대
한민국 국민으로, 세계 시민으로, 건강한 사회의 일원으
로 성장할 수 있는 기본적이면서 완결된 교육을 받아야
하는 것이다. 대부분의 선진국도 고등학교까지의 중등교
육을 독립적이고 완결된 교육으로 생각한다. 고등학교 교
육은 대학 입학을 위해 존재하는 것이 아니다. 대학은 더
깊은 공부를 위해 선택할 수 있는 곳일 뿐이다.

'타이렁'이 서울대에 가려는 이유

쿵푸 팬더를 통해 본 다중지능

아들이 초등학교 2학년 때 일이다. 아들 덕분에 2008년 개봉한 <쿵푸 팬더>를 2016년에야 보았다. 사촌 누나와 함께 <쿵푸팬더 3>를 보고 재미있다고 하여 1편을 뒤늦게 함께 보게 되었다. 그런데 아들과 함께 영화를 보면서 초등학교 2학년인 아들보다 더 낄낄거리며 웃었다. 깜짝 놀랄 만큼 재미있게 잘 만든 애니메이션이었다. 너무 재미있어서 2편, 3편까지 찾아서 봤다. <쿵푸 팬더>를 보고 그날 저녁 문득 우리의 교육 현실에 대한 생각을 했다. <쿵푸 팬더>의 줄거리는 이렇다.

우그웨이 대사부(거북이)가 국숫집 아들 포(팬더 곰)를 '용의 전사'로 지목한다. 하지만 먹을 것만 밝히는 '몸짱'인 그를 용의 전사로 아무도 믿지 않는다. 우그웨이 대사부는 자신의 제자인 시푸(렛서 팬더―이 글을 쓰기 전까지 여우인 줄 알았음)에게 포를 믿고 가르치라고 이야기하고 영원의 세계로 떠난다. 그때까지도 포를 믿지 않고 내쫓을 생각만을 하던 시푸는 우연히 포의 재능을 발견한다. 포는 누

구보다 음식에 대한 강한 욕망을 가지고 있었다. 속상하
고 화가 나면 마구 먹는다. 시푸는 무적 5인방(호랑이, 원
숭이, 뱀, 학, 사마귀)을 가르치던 방식으로는 포에게 쿵푸를
전수할 수 없다는 것을 깨닫고 음식으로 훈련을 유도하
여 단시간에 포에게 쿵푸를 가르친다. 그렇게 포는 강력
한 악당인 타이렁(표범)을 이길 수 있는 유일한 존재인 용
의 전사가 되어간다. 그리고 시푸는 마지막으로 용의 전
사에게 절대파워를 주는 용문서를 포에게 주는데….

아이들 여럿이 하나의 일을 함께하면 누군가는 계획
을 세운다. 누군가는 역할을 분담해서 일이 효율적으로
진행될 수 있도록 하고, 또 누군가는 자신들이 하는 일이
잘되었을 때 만들어질 수 있는 멋진 모습을 친구들에게
이야기해 동기를 부여해준다. 또 누군가는 비판적인 시각
으로 문제점을 찾아내서 개선할 수 있게 하고, 또 누군가
는 대립하는 의견을 조정하기도 한다. 또 누군가는 일이
잘 안 되어서 실망하고 있는 친구에게 힘을 주기도 한다.
무엇이 더 중요한가? 물론 모두 중요하다. 사람의 재능은
단순히 지적 능력만으로 평가할 수 없다. 획일적인 교육
은 각자가 가진 재능을 키워줄 수 없다. 다중지능이론은
사람이 가지고 있는 재능을 단지 언어지능과 논리수학지
능만으로 평가할 수 없다는 것을 보여준다. 언어지능과
논리수학지능 이외에도 공간지능, 음악지능, 신체운동지
능, 인간친화지능, 자기성찰지능, 자연지능도 중요한 지능

이기 때문이다.

어른이 되면 알게 된다. 세상을 살아가는 데에 중요한 지능이 무엇인지를. 학교에서 배우고 익히지 못한 것들이 훨씬 중요하다는 것을. 어른들이 인맥이라고 하는, 인간관계를 쌓아가고 만들어가는 것은 삶의 큰 재산이다. 실수와 실패를 통해서 자신을 되돌아보고 발전시켜나가는 것은 성공의 필수요소다. 음악이든 운동이든 등산이든 여행이든 깊이 있는 취미를 가지고 있는 것은 삶을 풍요롭게 만든다. 그렇다고 인간친화지능과 자기성찰지능을 교과목으로 만들자는 것이 아니다. 다만, 제 기능을 하지 못하고 있는 음악 교육을, 체육 교육을, 미술 교육을 살려내야 하는 것은 물론이고 모든 교과과정 속에서 자연스럽게 여러 가지 지능들을 익히고 배울 수 있도록 하여야 하지 않을까 싶다. 세상의 모든 아이들이 자신이 잘하는 영역이 있기 때문에, 포에게 맞는 쿵푸 훈련법이 있었던 것처럼, 우리는 교육을 통해서 아이들 스스로가 자신의 강점을 발견하고 발전시킬 수 있도록 도와야 한다.

용문서의 비밀

드디어 포는 용문서를 펼쳐본다. 과연 용문서에 담긴 '용의 전사'를 완성시키는 비법은 무엇일까? 그런데 용문서에는 아무것도 적혀 있지 않았다. 텅 빈 용문서는 그저 반짝반짝하게 포의 얼굴을 비추고 있을 뿐이다. 전설의 용문서가 아무 비법도 담겨 있지 않은 엉터리 문서인 것이었다. 결국 타이렁을 이길 수 없는 현실에 모두들 실망하고 시민들을 대피시키기로 결정한다. 포 역시 함께 대피하게 된다. 그러던 중 국수가게 사장님인 아버지(거위)에게 집안의 비밀인 맛있는 국수의 비법을 듣게 된다. 아버지에게 들은 맛있는 국수의 비법은 결국 아무것도 없다는 것이었다. 그렇다. 비법 따위는 없는 것이다. 아무것도 적혀 있지 않고 자신의 얼굴을 비춰주는 용문서처럼 말이다. 포는 "비법도 비밀재료도 없어. 중요한 건 자신이야!"라고 말한다. 포는 그때 자신에 대한 믿음과 그 믿음을 위한 노력이 비법의 전부라는 것을 깨달은 듯하다. 포는 자신에 대한 믿음을 가지고 드디어 무시무시한 악당인 타이렁에게 맞서게 되는데….

개봉한 지 8년이나 지나서 보게 되었지만, 8년 전에 보았으면 알 수 없었을 깨달음을 아들 덕분에 얻을 수 있었다. 악당 타이렁은 절대파워를 갖기 위해 용문서를 탐낸다. 조금 오버해서 절대파워를 주는 용문서를 서울대라고 해보자. 타이렁은 잘못된 교육의 희생자였다. 그는 오로지 서울대만을 목표로 쿵푸 훈련을 했다. 타이렁은 부모님 같은 스승인 시푸에게 자랑스러운 존재가 되고 싶었다. 하지만 서울대에 불합격한다. 시푸도 타이렁도 실

망한다. 타이렁이 했던 공부는 자기 자신이 아닌 외부의
어떤 것을 얻기 위한 공부였다. 그래서 그의 욕망은 채워
질 수가 없었고 그는 포악해진다. 그리고 포가 서울대에
합격한다. 그런데 서울대엔 아무것도 없었다. 많은 사람
들이 용의 전사가 될 수 있는 비법이 담겼다고 믿었던 용
문서에는 아무것도 없었다. 그냥 텅 비어 있는 용문서는
그저 포의 얼굴을 비추고 있을 뿐이었다.

　　하지만 포는 가장 중요한 깨달음을 얻는다. 용문서
도 명문대도 절대파워도 아닌 자기 자신의 가치를 알게
된 것이다. 용문서는 자신을 믿으라는 뜻을 전해주고 있
었다. 서울대는 우리들에게 절대파워를 주지 못한다. 절
대파워는 우리들 모두가 이미 가지고 있는지도 모른다.
하지만 우리는 우리의 절대파워를 죽이는 교육을 하고 있
는 것은 아닌지 모르겠다.

용문서와 서울대

　　사실 '공부'라는 말은 '쿵푸'에서 온 말이다. 공부의
한자는 '工夫'다. 工夫는 원래 쿵푸로 읽던 단어다. 단순
히 음운론적인 유사성이 아니라 실제 어원상 연결되어 있
다. 그것은 몸에 대한 훈련과 지식 축적이라는 지적 훈련
의 공통점으로 만들어진 단어다. 쿵푸는 공부(工夫)에 힘

력(力)이 더해진 공부(功夫)다. 공부와 쿵푸의 관계는 이원석의 『공부란 무엇인가』에 자세히 나와 있다.

용문서를 획득한 포는 용의 전사가 되어 마을을 지키고, 사람들을 도와야 한다는 것을 안다. 마을 사람들에게 쿵푸를 직접 가르치기도 하면서 자신이 가진 힘을 다른 사람들을 위해서 사용한다. 만약 타이렁이 용의 전사가 되었다면 어땠을까? 영화의 마지막 장면을 현실에 맞게 변형해보자.

타이렁은 용의 전사가 될 수 있는 비법이 적혀 있는 용문서를 포에게서 빼앗는다. <서울대 합격>이라고 적혀 있는 용문서를 받자마자 타이렁에게 사회의 기득권층과 연결될 수 있는 학연이라는 줄이 수도 없이 뻗어났다. 타이렁은 용문서를 믿고 사람들 위에 군림하기 시작했다. 자신이 누려야 할 특권은 자신이 받은 고된 훈련으로 정당화된다고 생각하면서 사람들을 하찮게 여겼다. 조리사를 그냥 밥하는 아줌마라고 막말을 했다. 자신이 용의 전사라고 수없이 반복해서 말하기도 하고, 자신을 취재하는 기자를 협박하기도 했다. 자신이 죄를 짓고 조사를 받으러 가서도 그는 팔짱을 끼고 있었다. 마을 사람들을 개돼지라고 하며 무시하기도 하고, 여자를 성적인 대상으로만 여겨도 된다고 믿었다. 타이렁은 점점 괴물이 되어갔다.

4

부끄러운

서연고ㅍ

어이가 없네

영화와 현실

2015년에 개봉한 <베테랑>은 1300만 명의 관객이 본 영화다. 2017년 기준으로 대한민국에서 가장 많은 사람들이 관람한 영화 3위다. 주인공인 조태오의 "어이가 없네"는 당시 유행어로 널리 쓰이기도 했다. 기자와 영화 평론가들의 반응을 잠시 살펴보자. '호쾌한 사나이 같은 영화', '막힌 속이 뻥 뚫리는 활극', '끝장을 보려는 단호함', '현실에 맞서는 태도의 완성', '심플하고 힘 있게 치고 달리는 영화가 선사하는 통쾌함' 등, 평론가들이 관객들이 재미있다고 하는 '천만 영화'에는 항상 그렇듯이 비록 평점은 후하게 주지는 않았지만, 한 줄 평은 대체로 긍정적이다. 영화를 본 사람들도 대부분 시원함을 느끼는 모양이다. 관람객들의 영화 평에도 '통쾌'라는 단어를 자주 볼 수 있다.

영화에는 노동조합에 가입했기 때문에 임금이 체불된 상태로 계약을 해지당한 화물트럭 기사가 등장한다. 화물트럭 기사는 이에 항의하기 위해 그룹 본사 앞에서 1인 시위를 한다. 이후 조태오 앞으로 불려가 전 소장에게 일방적인 폭행을 당한다. 조태오는 그런 트럭 기사를 조롱하며 100만 원짜리 수표 다섯 장과 1000만 원짜리 수표 두 장을 건넨다. 화물트럭 기사가 요구한 체불 임금 420만 원이 너무 적은 금액이라며 어이없어한다. 화물트럭 기사는 본사 건물에서 투신한다.

영화는 현실에서 일어난 여러 단편적인 사건들을 조합시켜 만들었다. 유명 대기업의 2세 관련 뉴스보도를 참고하였음을 감독도 이야기한 바 있다. 2010년 11월 28일 MBC <시사매거진 2580>은 「믿기지 않는 구타사건 방망이 한 대에 100만 원」을 방송했다. 방송 다음 날 언론보도를 통해 알려진 사건은 다음과 같다. 명확한 사실 관계를 위해 당시 언론보도 내용을 가능한 한 그대로 담겠다. 다시 한 번 말하지만, 아래 사건은 영화가 아니다.

유 씨가 사무실로 들어가자 임직원들이 몸을 수색하고 무릎을 꿇게 했다. 이어 최 대표가 나타나 유 씨의 가슴을 발로 차 넘어뜨린 후 주먹으로 얼굴을 때렸다. 유 씨는 숨을 제대로 쉴 수 없었다. 최 대표는 유 씨를 엎드리게 하고 알루미늄 야구 방망이로 사정없이 내려쳤다. 유 씨의 엉덩이와 허벅지에 시퍼렇게 피멍이 들었다. '믿기지 않는 구타사건…'편 영상을 보면 최 대표는 "한 대 100만 원씩"이라고 하면서 폭행을 시작했다. 유 씨는 "열대를 맞은 후 못 맞겠다"고 하자 "최 대표는 그럼 이번엔 한 대에 300만 원씩 하겠다며 계속 때렸다"고 전했다. 유 씨가 폭행을 당하는 중간에 살려달라고 애원했지만 소용이 없었다. 유 씨는 폭행을 당하는 동안 "내가 왜 맞아야 되는지 화도 나고 분한 생각만 들었다"고 억울해했다. 최 대표는 알루미늄 야구 방망이로 13대를 때린 뒤 이번에는 유 씨를 일으켜 세워 두루마리를 입안에 말아 넣은 후 주먹으로 얼굴을 때렸다. 유씨는 "입 안에 살점이 떨어져 나갔다"고 말했다.

최 대표는 폭행을 한 후 5천만 원과 2천만 원이 적혀 있는 서류 2장을 작성한 후 유 씨에게 내용도 알리지 않고 사인과 도장을 찍게 했다. 5천만 원은 유 씨의 탱크로리 값이었고, 2천만 원은 폭행당한 값이었다. 유 씨가 서명하자 임직원들이 데리고 나와 택시를 태워 보냈다.[1]

폭행을 당한 유홍준(52) 씨는 자신이 다니던 회사가 다른 회사로 합병되는 과정에서 해고되면서 SK 본사 앞에서 1인 시위를 벌였다. 그러던 중 유 씨는 지난달 18일 합병회사인 마이트앤메인(M&M)에서 자신이 소유하고 있는 탱크로리 차를 인수해주겠다고 해 서울 용산에 있는 사무실을 찾아갔다가 이 같은 일을 당했다. 유 씨는 이 사실을 가족들에게 알리지 않았지만, 얼마 전 남편이

---

1   한겨레 2010.11.29 「재벌2세 "한대에 100만원" 야구 방망이로 노동자 폭행」

폭행당한 사실을 안 유 씨의 아내는 "혼자서 얼마나 이
악물고 울었을까 생각하니 눈물이 난다"며 울먹였다. 수
능 시험을 치른 고3 딸도 "아빠가 이렇게 힘든지 몰랐다"
며 눈물을 글썽였다.[1]

안하무인이란 이런 것일까?

최 대표는 SK그룹 최태원 회장의 사촌동생 최철원
씨다. 그는 대학 졸업 후 SK그룹에 입사하여 2002년 33
세의 나이로 SK글로벌 상무를 거쳐 M&M그룹 회장을
맡아온 재벌2세다. 사건이 알려지고 그의 지난 행적이 더
드러났다.

2006년 6월, 주부 김 씨는 늦은 밤까지 아파트 윗집
의 소음에 시달리다 경비실에 조용히 하게 해달라고 요청
을 했다. 잠시 후 윗집이 조용해지는 듯했지만, 얼마 지나
지 않아 초인종이 울렸다. 건장한 남자 세 명과 알루미늄
야구 배트를 들고 집으로 들이닥친 사람은 윗집 주인이었
다. 물론 그는 최철원 씨였다. 김 씨는 "최철원 씨가 알루
미늄 방망이 든 걸 정확히 기억한다"며 "(남편이) 누군지
모르니까 문을 딱 여는데 최철원 씨가 들어와서 목을 콱

---

1   한겨레 2010.11.29 위의 기사

잡았다"고 했다. 김 씨가 직접 집으로 찾아가 따진 것도
아니었다. 층간소음이 발생해서 경비원을 통해 이야기를
전한 것이 야구 방망이로 협박당할 일은 전혀 아니다. 당
시 사건은 경찰이 신고를 받고 출동해 일단락이 되었다.
하지만 김 씨 가족은 신변에 위협을 느껴 급히 이사를 해
야 했다.[2]

　그의 행적은 회사 내에서도 다르지 않았다. 눈 내린
날 지각했다고 회사 직원을 삽자루로 때린 것은 물론 또
다른 직원은 골프채로 폭행했다. 최 씨가 대표로 있던 회
사 M&M의 한 직원은 "눈 내리는 날 지각하는 직원들
을 주로 때렸다"며 "대여섯 명이 엎드려 뻗쳐 하고 있으
면 삽자루로 퍽퍽 때렸다"고 밝혔다. 또 골프채가 부러지
도록 때려 여러 사람한테 부축 받아 나가는 사람을 본 적
도 있다는 증언도 나왔다. 이 밖에 사냥개를 회사에 끌고
와 여직원들을 개로 위협했다는 증언도 나왔다. 이 같은
폭행은 1년에 여러 차례 있었고, 폭행이 계속되자 상당수
임직원이 심한 모멸감을 가지고 회사를 그만둘 수밖에 없
었던 것으로 전해졌다. 이 같은 의혹은 MBC 뉴스데스크
를 통해 제기됐다.[3]

2　경향신문 2010.12.05. 「2000만원 매값 폭행' 최철원, 이웃에도 야구방망이
　　위협」

3　경향신문 2010.12.06 「최철원, 눈오는 날 삽자루로 폭행…사냥개로 여직원
　　위협도」

3개월 뒤 그는 징역 1년6월의 실형을 선고받았다. 재판부는 "최씨가 1인 시위를 한 유 씨에 대해 지난해 7월 업무방해 등으로 형사고소하고, 같은 해 10월 불법행위로 인한 손해배상 소송을 청구하는 등 조치를 취했으면서도 2000만 원을 주는 대가로 20대를 때리겠다고 했다"며 "야구방망이로 때릴 줄 모르고 승낙한 유씨가 10대를 맞은 후 무릎을 꿇고 '잘못했으니 살려달라, 용서해달라'고 하는데도 유 씨의 가슴을 발로 차고, 얼굴을 때리며 모멸감을 줬다"고 지적했다. 이어 "최 씨가 유 씨에 대한 폭행은 훈육개념이라고 주장하지만 최 씨보다 11살이나 많은 유 씨가 훈육 받을 만한 지위에 있지 않다"며 "우월한 지위를 내세워 사적 보복을 한 점을 고려하면 상당한 형사상 처벌이 불가피하다"며 양형이유를 설명했다.[1]

선고된 형량도 부족하게 보였지만

흔히 말하는 국민 법감정에 의하면 그가 받은 처벌은 많이 부족했다. 하지만 그는 징역형을 선고받은 지 2개월도 안 돼 집행유예로 석방되었다. 서울중앙지법 형사항소5부(양현주 부장판사)는 6일 이른바 '맷값 폭행' 사건으로 기소된 물류업체 M&M 전 대표 최철원(42) 씨에게 징

---

1   파이낸셜뉴스 2011.02.08 「'맷값 폭행' 최철원 징역 1년6월」

역 1년6월에 집행유예 3년, 사회봉사 120시간을 선고하고 석방을 명했다. 재판부는 "최씨가 피해자와 합의했고 사회적 지탄을 받은 점 등을 고려했다"고 양형이유를 설명했다. 최 씨의 2심 재판은, 첫 공판에서 변론이 종결됐으며 재판부는 합의가 이뤄졌는데 미결구금일수가 지나치게 길어진 점 등을 고려해 1시간 반가량 시차를 두고 바로 판결을 선고했다.[2]

그의 석방이 이루어지고 채 보름이 지나지 않아, 검찰이 '맷값 폭행' 사건의 피해자인 화물차 운전기사를 업무방해 등의 혐의로 기소한 사실이 뒤늦게 알려졌다. 서울중앙지검 형사4부(박철 부장검사)는 지난달 말 맷값 폭행 사건의 피해자인 화물차 운전기사 유 씨를 업무방해 및 일반교통방해 혐의로 불구속기소했다고 19일 밝혔다. 검찰에 따르면 유 씨는 지난해 6월 서울 서린동 SK그룹 본사 앞 도로에 자신이 운전하는 대형화물차(탱크로리)를 주차시킨 채 고용 승계를 요구하는 1인 시위를 벌인 혐의를 받고 있다.[3]

피해자인 화물차 운전기사를 기소한 검사는 서울

---

2   동아일보 2011.04.06 「'맷값 폭행' 최철원 2심서 집행유예 석방」

3   경향신문 2011.04.19 「무전유죄… '맷값 폭행' 피해자 업무방해로 기소돼」

중앙지검 형사4부 부장 박철이다. 그는 이듬해 1월 SK건설 '윤리경영총괄(전무급)'로 영입되었다. SK건설 관계자는 박철 전무 영입에 대해 "윤리경영 강화 측면에서 영입을 했을 뿐 세간에서 회자되는 그룹의 일과는 전혀 상관없다"고 말했다.[1]

무슨 말을 더 할 수가 없다. 이분, 고려대를 졸업하셨다.

아참, <베테랑>에 대한 한 줄 평 중에는 다음과 같은 말이 있었다. '통쾌하다. 단, 극장 나오기 전까지만'. 가슴이 답답하다.

1   미디어오늘 2014.12.26 「몰매 맞는 조현아와 풀려난 최철원의 차이는?」

보이지 않는 그들과 보이는 그들

기사 안 나오게 겁 좀 줘라

서울중앙지검 형사7부(부장판사 오인서)는 13일 이은욱 전 피죤 사장을 청부 폭행한 혐의를 받고 있는 피죤 창업주 이윤재 회장의 사전구속영장을 청구했다. 이 회장은 현직 피죤 이사 김모 씨를 통해 조직폭력배 오 씨 등 4명에게 이 전 사장을 폭행하도록 사주한 데 이어 이들에게 도피하라고 지시한 혐의(폭력행위 등 처벌에 관한 법률상 공동상해교사 및 범인도피)를 받고 있다.…

이(윤재) 회장과 이(은욱) 전 사장의 갈등은 올해 초로 거슬러 올라간다. 시장점유율이 50%대에서 20%대로 급락하는 등 경영에 어려움을 겪던 피죤은 2월 유한킴벌리 영업·마케팅 담당 임원이었던 이 전 사장을 전문경영인으로 영입했다.

두 사람의 관계는 이 전 사장이 취임한 직후부터 금이 가기 시작했다. 피죤 관계자에 따르면 이 전 사장이 직원들의 고용안정과 대우개선에 나서자 이 회장이 불만을 가졌던 것으로 알려졌다.

결국 이 회장은 이 전 사장이 5월경 개최한 직원 워크숍을 문제 삼았다. 한 전직 임원은 "워크숍에서 지출된 경비 명세를 10원 단위까지 적어 내라고 하는 등 받아들이기 힘든 간섭이 많았다"고 전했다. 갈등 끝에 6월 해임된 이 전 사장은 함께 해임된 김모 전 상무와 7월 서울중앙지법에 해고무효 및 손해배상 청구 소송을 제기했다.

…

이 회장은 김 이사에게 "이 전 사장이 소송과 언론 보도로 회사에 해를 끼치니 겁을 주든지 해서 문제를 막아보라"라고 지시했다고 경찰 조사에서 시인했다.[1]

지시를 받은 김 본부장(이사)은 '무등산파' 행동대원 오모(41) 씨를 만나 "회장님이 이은욱 사장에게 겁을 줘 회사와 협상할 수 있도록 하란다"고 전했다. 그 자리에서 오씨는 "대포폰도 마련하고, 애들도 준비시켜야 한다"며 3억 원을 요구했지만, 김 본부장은 1억5000만 원을 주기로 약속했다. 오 씨는 이틀 후 무등산파 후배 김모(33) 씨에게 이은욱 사장의 사진과 주소를 주면서 '작업'을 지시했다. "믿을 만한 동생 한두 명을 불러서 일을 보되 야구방망이 같은 것은 사용하지 말고 손과 발로 때리라"는 내용이었다. 당일 밤 김 씨 등 3명은 서울 삼성동 이은욱 사장 집 앞에서 대기하다가 귀가하던 이은욱 사장을 마구 때렸다. 오 씨는 폭행 사건이 언론에 크게 보도되자 '잠

---

1   동아일보 2011.10.14 「피죤 '청부폭력 막장드라마' 창업주 구속으로 막 내리나」

수'를 타기로 하고, 김 본부장에게 도피 자금을 요구했다. 김 본부장은 이윤재 회장에게 "애들이 피해 있어야 할 것 같다"고 보고해 13일 오후 양재동 시민의숲 주차장에서 이윤재 회장의 운전기사로부터 현금 1억5000만 원을 건네받은 뒤 경기도 용인시 오 씨 자택으로 찾아가 이를 전달했다.[2] 사건 이후에 이은욱 사장과 함께 소송을 제기했던 김 상무는 "새벽 1시께 한 남성이 집으로 걸어와 '이은욱 당한 거 알고 있느냐? 빨리 합의해라. 당신에게 가족도 있지 않느냐?'고 겁박했다"고 밝혔다. 또 "전화를 바로 끊고 이은욱 사장에게 전화를 걸었더니 협박 내용이 사실이었다"고 말했다.[3]

복잡해 보이지만, 아래와 같이 단순한 사건이다.

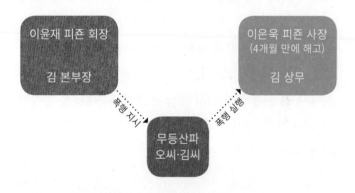

2   국민일보 2011.10.25 「"기사 안 나오게 겁 좀 줘라" 공소장으로 본 피죤 회장 청부폭행 전말」

3   한겨레 2011.09.06 「피죤 전 사장 피습…전 상무는 협박전화 받아」

　　회장의 독단적인 경영과 부당한 해고를 문제 삼은 전문경영인인 이은욱 사장을 조직폭력배를 동원해서 청부 폭행한 것이다. 청부 폭행을 당한 이은욱 전 사장은 국내 생활용품 업계 1위인 유한킴벌리 부사장 출신으로 지난 2월 피죤 사장으로 취임했다. 취임 기간 동안 월매출을 2월 46억 원에서 5월 90억 원으로 끌어올린 바 있다. 이 같은 성과에도 창업자인 이윤재 회장은 지난 6월 이은욱 사장을 취임 4개월 만에 전격 해임했다.[1]

　　서울 강남경찰서는 이 사건이 접수되자 사고현장 인근 폐쇄회로(CC)TV 화면 1000여 시간 분량을 뒤져 범인들의 얼굴과 차량 번호판이 찍힌 장면을 찾아내 검거했다. 이후 조직폭력배들이 사용한 선불 휴대전화의 배달명세와 통화기록을 중심으로 수사해 김 본부장까지 구속했다. 6일 실시된 이 회장 자택과 사무실에 대한 압수수색에서는 폭행을 지시한 날짜와 1억5000만 원씩 폭행 대가를 전달한 날짜가 표시된 달력이 나오기도 했다. 조사 과정에서 김 본부장의 지시를 받아 조직폭력배들을 움직인 오 씨가 폭행 대가를 갖고 달아나 '배달 사고'를 낸 사실까지 드러났다.[2]

1　　한겨레 2011.09.06 위의 기사

2　　동아일보 2011.10.14 「피죤 '청부폭력 막장드라마' 창업주 구속으로 막 내리나」

피죤에는 이은욱 전 사장 외에도 유난히 짧은 기간 재임한 전문경영인과 임원이 많다. 2007년 이후 취임한 피죤 대표이사들의 평균 근속 기간은 4개월에 불과했다. 2007년 1월 1일부터 2011년 6월 10일까지 근무한 임원 38명 중 1년 이상 근무한 사람은 단 1명에 불과했다. 최근 피죤에서 퇴사한 전직 직원은 "부당한 조치를 내린 뒤 돈으로 무마하는 일이 많다 보니 임원들이 회장실로 불려가면 직원들끼리 '로또 맞으러 간다'고 하기도 했다"고 귀띔했다.[3]

청부 폭력만이 아니었다

조직폭력배에게 돈을 주고 '청부폭력'을 지시한 혐의로 기소된 이윤재 피죤 회장이 실형 선고와 함께 법정구속됐다.

서울중앙지법 형사5단독 임성철 판사는 이 회장의 비자금 조성 의혹 등을 제기한 이은욱(55) 전 사장을 폭행하라고 지시한 혐의(공동상해 교사) 등으로 불구속 기소된 이 회장에게 징역 10월을 선고하고 법정 구속했다. 이 회장의 지시를 받고 조직폭력배를 동원한 혐의로 구속기소된 피죤 영업본부장 김 씨에겐 징역 8월이 선고됐다.

3   동아일보 2011.10.14 위의 기사

재판부는 "이 회장은 피죤에 대한 비난성 기사가 언론에
나오자 이를 수습하기 위해 폭력배를 동원해 폭행을 지
시하고, 이러한 내용이 또다시 언론에 보도되자 도피자
금을 주고 폭력배를 도피시키는 등 범행 동기와 경위가
비난 가능성이 크다"며 "청부폭력이 용인되거나 쉽게 용
서되는 사회를 건강한 사회라고 볼 수 없는 점 등에 비춰
엄중한 처벌이 불가피하다"고 밝혔다.

특히 재판부는 이날 사회지도층의 사회적 책임을 강조하
며 이 회장을 질타했다. 재판부는 "이 회장이 사회지도층
의 위치에 오른 것은 본인의 노력뿐 아니라, 사회의 도움
과 혜택이 있었기에 가능했다고 본다"며 "이런 사람들이
사회적 책임을 지지 않고 일탈했을 경우 다른 사람들보
다 비난 가능성이 클 수밖에 없다"고 했다.…

앞서 법원은 지난달 24일 이 전 사장을 폭행한 조직폭력
배 김아무개(33)씨 등에게 징역 8~10월의 실형을 선고했
다.[1]

이윤재 피죤 회장은 가석방 4개월 만에 다시 법정
에 섰다. 서울중앙지검 금융조세조사3부는 이윤재 피죤
회장을 119억 원의 회사 돈을 빼돌린 혐의(특정경제범죄
가중처벌법상 횡령 및 배임)로 불구속기소했다고 밝혔다. 검
찰 수사 결과, 이 회장은 납품업체의 물품단가와 공사대

1　　한겨레 2011.12.06, 「조폭에 돈 주고 소송중 전 사장 '청부폭행' 이윤재 피
죤 회장, 징역 10월 법정구속」

금을 부풀리고, 분식 회계를 해 회사 돈을 빼돌린 뒤, 개
인금고와 계좌에 보관하면서 주식에 투자하고 중국 현지
법인의 유상증자 대금으로 사용하는 등 개인적인 용도로
전용한 것으로 조사됐다. 이 회장은 또 2002년 1월부터
2009년 7월까지 납품업체 8곳과의 계약 단가를 부풀린
뒤, 그 차액을 현금으로 돌려받는 수법으로 43억 원의 비
자금을 조성한 혐의도 받고 있다. 이 회장은 중국 현지법
인에서 생산과 영업 차질로 손실이 급증하자 2007년부터
지난 8월까지 40억여 원을 지급하면서 피죤 직원에게 주
는 것처럼 거짓 회계장부를 작성하기도 했다. 현지 공장
의 리모델링 비용 18억여 원은 본사 자금으로 부당 지원
했다 적발됐다.[2] 이 회장은 이 사건으로 다시 징역 2년에
집행유예 3년을 선고받았다.

횡령과 배임만이 아니었다

횡령 및 배임 혐의로 유죄 판결을 받은 지 채 1년도
안 돼서 피죤은 새로운 문제로 몸살을 앓았다.

피죤 강릉지점에서 주부영업사원으로 일하는 홍성단
(49)씨는 지난달 16일 이후 매일 강원도 강릉의 집과 서

---

2   경향신문 2012.12.31 「청부폭행으로 징역살던 피죤 회장, 이번엔 100억대
     횡령 배임」

울 역삼동 회사 사이를 출퇴근한다. 새벽 6시 이전에 집을 나서면 저녁 11시가 다 돼야 귀가한다. 매일 6~7시간을 길거리에서 낭비한다. 교통비도 매일 7만원 가까이 들어간다. 자칫 고속버스 막차라도 놓치면 하루 6만~7만원 하는 모텔비까지 부담해야 한다. 홍씨는 "저녁 늦게 귀가해서 밀린 청소와 빨래를 하다 보면 밤 12시가 넘는다. 다시 새벽에 일어나 출근하다 보니 가족들을 제대로 챙길 틈이 없다. 이러다간 이혼당하겠다는 생각까지 든다"고 한숨을 내쉰다.

대전지점에서 근무하던 류학재(38)씨의 처지도 딱하기는 마찬가지다. 류씨는 대전 집에서 출퇴근은 생각도 못하고, 매일 밤 회사 근처 모텔이나 찜질방을 전전한다. "(서울에서) 방값을 아끼려고 비슷한 처지의 직원들과 함께 자는 일이 많다." 류 씨와 대전지점에서 함께 일했던 임효경(30)씨는 시부모님을 모시고 살아 외박이 어렵기 때문에 매일 서울~대전 간을 출퇴근한다. 임신 3개월째로 홀몸도 아니다. 회사는 임씨의 호소를 들은 척도 않는다.

"빨래엔 피죤~" 한때 섬유유연제의 대명사로 불렸던 피죤에는 이들과 같이 생고생을 하며 가정파탄에 직면한 직원들이 20명을 넘는다. 이유는 회사의 일방적인 인사때문이다. 피죤은 지난해 12월16일 지방지점을 폐쇄하면서 직원 22명에게 서울 본사 대기발령을 냈다. 며칠 뒤에는 수도권 근무 직원 4명에 대해 추가로 본사 대기발령을 내고, 1차 대기발령자 중에서 10명을 다시 부산지점으로 대기발령을 냈다. 항의하는 직원들에게 돌아온 회사의 답은 단순히 "경영상 이유"였다.

피죤이 왜 갑자기 이런 비상식적인 인사를 했을까? 직원들은 "노조 파괴 목적"이라고 입을 모은다. 지방지점 근무 직원들은 대부분 지난해 11월 초 신설된 노조(민주노총 전국화학섬유산업노조 피죤지회)에 가입했다. 김현승 노조지회장은 "회사 간부들이 노조원들을 따로 불러 탈퇴를 압박하고 심지어 급여인상과 승진까지 미끼로 내밀며 회유해도 넘어가지 않으니까 지점폐쇄와 대기발령을 낸 것"이라고 말했다. 회사는 부당해고까지 자행했다. 중국 수출 업무를 맡았던 최진해 대리는 2012~2013년 4천만 원의 미수채권이 발생했다는 이유로 지난해 12월 해고라는 중징계를 당했다. 회사는 업무상 배임혐의로 형사고소까지 했다. 최 대리는 "미수채권을 이유로 해고한 전례가 없다. 미수채권은 기존 거래처에서 발생했는데도 회사는 내가 독단적으로 거래를 했다고 거짓말까지 한다"고 말한다.

…

피죤의 부당노동행위는 이윤재 회장의 경영복귀와 함께 본격화했다. 이 회장은 2013년 8월 말에 회사 출근을 시작했다. 9월 초에는 정식으로 경영복귀를 선언했다. 그는 직원들을 불러모아 놓고 "피를 토하고 죽더라도 피죤을 살리겠다"고 목소리를 높였다. 2011년 10월 이은욱

전 사장을 청부폭행한 혐의로 기소된 뒤 경영에서 물러
나겠다고 약속한 것은 형량을 줄이기 위한 거짓말이었음
이 드러난 것이다. 노조는 사실 이 회장이 경영에서 물러
난 적이 없다고 증언한다. 류학재 사무국장은 "이 회장이
감옥에 있을 때도 회사 임원이 매주 한 번씩 면회를 가서
지시를 받는 등 사실상 옥중경영을 했다"고 말했다.

이 회장은 복귀 직후 조원익 사장을 해임했다. 엘지생활
건강 출신인 조 사장은 2012년 12월에 피죤에 영입된 뒤
나름 회사를 살리는 구원투수 역할을 한다는 평을 들었
다. 회사 시장점유율이 조금씩 올라가고 매출은 늘어났
다. 하지만 결국 9개월 만에 쫓겨나는 신세가 됐다. 2007
년 이후 취임한 사장 4명의 평균 재임기간이 불과 4개월
에 불과한 'CEO의 무덤' 현상이 되풀이된 것이다. 이 회
장은 이어 지방지점 직원들에 대한 대규모 부당인사를
자행했다.…

…

이윤재 회장이 이처럼 병적으로 임직원들을 자주 교체
하는 이유는 무엇일까? 노조는 '불신' 때문이라고 말한
다. 김성곤 과장은 "기본적으로 직원을 소중하게 생각
하지 않고 일종의 소모품으로 여기는데다, 본인이 부정
부패를 저지르다 보니 밑의 임직원들도 못 믿는다"고 말
했다.

…

이윤재 회장의 횡포는 이에 그치지 않는다. 노조는 "이

회장이 과거처럼 직원들을 슬리퍼로 때리거나 칼로 찌르는 폭행은 하지 않지만, 욕설은 똑같다. 가족들까지 거론하며 모욕을 주고, 입에 담을 수 없는 욕을 한다"고 말했다. 배임과 횡령 등 부정비리 의혹도 여전하다. 피죤은 지난해 국내 최대 로펌인 김앤장과 법률 자문계약을 맺고, 6월과 12월 두 차례에 걸쳐 7억 원을 지급했다. 계약서에는 김앤장이 피죤의 구매 및 원자재 조달, 자금운용, 중국 자회사에 대한 투자 및 운영 등과 관련해 법률자문을 해주는 대가로 쓰여 있다. 하지만 노조는 "김앤장이 회사를 위해 법률자문을 해준 것이 없다. 이윤재 회장의 변호를 해주고, 비용은 회사가 부담한 것으로 의심된다"고 말했다. 김앤장은 이 회장의 청부폭력 사건과 배임·횡령 사건에서 모두 변호를 맡았다. 이윤재 회장 일가의 연봉은 30억원을 넘는 것으로 알려진다. 회장 일가의 개인 소유인 서울 역삼동 사옥의 임대료도 매년 10억원이 나간다. 노조는 "피죤 같은 작은 회사에서 회장 일가 연봉이나 사옥 임대료가 왜 그리 많은지 모르겠다"고 말했다. 임원들에게 고액의 연봉을 주고 일부를 되돌려 받아 챙긴다는 의혹도 제기된다. 노조는 "2011년에 근무했던 한 임원은 연봉이 4억원에 달했는데, 절반 정도는 (회장 일가에) 반납한 것으로 안다"고 말했다.[1]

---

1   한겨레 2014.01.11 「칼로 직원 찌른 피죤 회장, 이번엔 '노조탄압'」

우리에게 보이는 그들

"2005 자랑스런 CEO 한국대상 수상-회장 이윤재: 헤럴드경제신문사"

"2005 노사문화우수기업: 노동부"

"2005 브랜드 올림픽 수퍼브랜드 선정: 산업정책연구원"

"소비자가 뽑은 좋은 광고상 수상: 한국광고주협회"

"2006 한국 소비자의 신뢰기업 대상: 한국경제신문사"

"2006 대한민국 가치창조 기업 대상: 한국경제신문사"

"2008 한국 산업의 브랜드 파워 1위(6년 연속): 한국 능률협회컨설팅"

"2009 신뢰기업대상(5년 연속): 한국소비자포럼"

"2009 최고의 경영자 대상 엠블럼: 한국경제매거진"

"2009 글로벌 리더상: 한국경제"

"2009 대한민국 지속가능경영대상: 환경부"

"2010 한국윤리경영대상: 한국소비자포럼"

"2010 한국을 빛낸 창조경영 대상: 중앙SUNDAY"

"2010 자랑스런 한국인 대상: 한국언론인연합회"

"2011 국민생활 안전 캠페인 우수기업: 한국품질경영학회"

"2014 소비자에게 신뢰받는 착한 브랜드 대상: 동아일보"

"2014 포브스 코리아 사회공헌대상: 포브스코리아"

"2014 대한민국 CEO 리더쉽 대상: 월간중앙"

"2014 하반기 세종대왕 나눔봉사: 한국국제연합봉
사단"
"2015 소비자가 뽑은 가장 신뢰하는 브랜드: 디지틀조선
일보"
"2015 대한민국 미래창조 경영대상-윤리경영부문 대상:
한국경제"
"2016 대한민국 퍼스트브랜드 대상(14년 연속): 한국소
비자브랜드위원회"
"2016 소비자선정 최고의 브랜드 대상(5년 연속): 포브
스코리아"
"한국경제를 빛낸 인물-피죤 이윤재회장: 매경닷컴"
"2016 TV조선 경영대상: TV조선"

　모두 피죤의 수상내역이다. 실제 수상내역은 훨씬
더 많다. 위에 나열한 것은 1/5에 불과하다. 신문과 TV를
통해서 우리에게 보이는 피죤은 '우수기업', '소비자 만족',
'자랑스런 CEO', '신뢰기업', '나눔봉사'와 같은 모습으로
만 보일 뿐이다.

　2015년 이윤재 회장은 "배움을 통해 개인 능력이 향
상되고, 국가 발전에 도움이 되길" 바란다며 모교에 강의
실과 스터디룸을 기부한다. 경영대학 내에 위치한 이윤재
강의실은 약 50평 규모로 강의 집중도를 높인 원형 형태
다. 수용인원이 64명이며 학부/대학원생/MBA 과정을 밟

고 있는 학생들이 주로 사용한다. 이윤재 스터디룸은 지상에 위치한 스터디룸으로 MBA 과정의 학생들이 이용할 수 있다. 이윤재 강의실과 이윤재 스터디룸이 생긴 대학은 고려대다. 물론 이분, 고려대를 졸업하셨다.

아참, 이윤재 회장은 2000년과 2008년 2번에 걸쳐 '올해의 자랑스런 고대인상'과 '고대 경제인 대상'을 수상하기도 했다.[1]

---

1   국민일보 2015.04.15 「피죤 이윤재 회장, 후학 배움의 길 도움 주고자 강의실과 스터디룸 기부」

꼴값 떨고 있네

너한테 내가 돈을 지불하고 있다는 거야, 인마.
알았어?

"XX같은 XX. 너는 생긴 것부터가 뚱해가지고 자식아.
살쪄가지고 미쳐가지고 다니면서 (…) 뭐하러 회사에.
XX같은 XX, 애비가 뭐하는 놈인데 (…)"

"XX처럼 육갑을 한다고 인마. (…) 아유. 니네 부모가 불
쌍하다 불쌍해. XX야"

"아 XX 이거. 운전하기 싫으면 그만둬 이 XX야. 내가 니
똘마니냐 인마?", "이 XX 대들고 있어. 주둥아리 닥쳐.
(…) 건방진 게"

"월급쟁이 XX가 일하는 거 보면 꼭 양아치 같아 이거.
XX야 너는 월급 받고 일하는 XX야. 잊어먹지 말라고. 너
한테 내가 돈을 지불하고 있다는 거야. 인마 알았어?"[2]

2   한겨레 2017.07.13 「종근당 회장, 운전기사 욕설·폭언…1년새 3명 '퇴사'」

모두 유명 제약회사 회장님의 말씀들이다. XX가 많아서 그렇지, XX에 실제 발언 내용을 담는다면, '답답한 세상 욕으로 푼다'는 영화 <헬머니>의 욕 배틀에 참가해도 예선통과는 무난할 듯한 실력이다. 아니 어쩌면 삼국시대에 욕으로 전쟁을 하는 영화 <황산벌>의 벌교 팀에서 섭외 제의가 들어왔을지도 모를 일이다.

운전기사들에게 폭언을 일삼은 제약회사 종근당 이장한 회장에 대해 경찰이 정식수사에 착수했다.
서울경찰청 광역수사대는 지난 14 15일 이 회장으로부터 수차례 폭언을 들었다고 주장한 전직 운전기사 4명에 대한 참고인 조사와 함께 증거물을 다수 확보해 정식수사로 전환하기로 했다고 17일 밝혔다. 경찰은 이들로부터 이 회장의 욕설과 막말이 담긴 녹음파일을 제출받아 이 회장의 혐의점을 살펴보고 있는 것으로 알려졌다.[1]

이 회장은 지난해에도 모욕 혐의로 부하 직원에게 고소 당해 서울서부지검에서 조사받았다. 그러나 증거 불충분으로 무혐의 처분을 받았다.[2]

---

1   세계일보 2017.07.17 「종근당 회장 '갑질' 정식수사 전환」

2   동아일보 2017.07.15 「종근당 회장, 운전사들에 폭언·욕설 물의… 피해자 울분 쏟아내」

사건이 보도되고 이틀 뒤 이장한 회장은 서울 서대문구 종근당 본사에서 기자회견을 열어 사과했다. 그는 "물의를 일으킨 점 깊이 사과드린다. 저의 행동으로 상처를 받으신 분께 용서를 구한다"고 말했다. 이어 "따끔한 질책과 비판을 겸허히 받아들이고 깊은 성찰과 자숙의 시간을 갖겠다"[3]며 2분 남짓 사과문을 낭독했다. 종근당 측은 "피해 운전사들에게 이 자리에서 사과 받는 걸 제안했으나 당사자들이 거절 의사를 밝혔다. 조만간 직접 사과할 것"이라고 설명했다.[4]

이장한 회장의 녹음 파일을 공개한 운전기사는 "다시는 나 같은 피해자가 생기지 않기를" 바란다고 했다. 그는 치욕스러운 경험을 털어놓기도 했다. "한 가정의 가장이니까, 매일 욕을 듣더라도 참았죠. 그런데 뒤차가 박아서 교통사고가 났는데도 '안전 부주의'라고 반성문을 제출해야 했고, 하루 5분 늦었다고 '다시는 늦지 않겠습니다'를 100번 적는 '깜지'를 써냈습니다."[1] 한 가정의 가장으로 겪었을 그의 고통에 마음이 아프다.[5]

3   동아일보 2017.07.15 위의 기사

4   동아일보 2017.07.15 위의 기사

5   중앙일보 2017.07.14 「"내가 침묵하면 갑질 안 끝날 것 같았다"…'을'의 반격에 종근당 갑질 폭언 수사착수」

이어지는 폭로들

그 운전기사의 인터뷰가 CBS 라디오 <김현정의 뉴스쇼>에 나왔다. 일부 내용을 옮겨본다.

김 현 정 　한 3개월 이 회장 기사를 하셨다고요?

운전기사 　네, 그렇습니다.

김 현 정 　방금 전에 들은 이 폭언을 자주 들으신 겁니까?

운전기사 　거의 매일 듣다시피 했습니다. 이 새끼, 저 새끼 하면서 욕한 게 거의 다반사였습니다.

김 현 정 　뭘 잘못했다고 그럴 때 폭언이 나온 거죠?

운전기사 　뭐 특별히 잘못 한 거는 없었습니다, 사실. 그러니까 예를 들어서 운행을 하다 보면 만약에 1차로에서 4차로까지 차선이 있으면 그 차선대로 한 차선으로 갈 수 있지만 막히면 1차로에서 2차로, 3차로를 왔다 갔다 할 수도 있지 않습니까?

김 현 정 　그렇죠. 차선 바꿔가면서 운전하죠.

운전기사 　네네. 그러면 그 순간, 잠깐 차선 바꾸는 사이에 제 앞에 어떤 화물차나 뭐 그런 게 있으면 제가 그 차를 따라가려는 게 아니라 어쩔 수 없이 차선 바꾸면서 어쩔 수 없이 그 차를 잠깐 뒤를 따라가는 경우에

도 너 왜 위험하게 저 차 뒤를 따라가느냐
는 식으로 얘기를 하시니까 운전자 입장
에서는 어이가 없는. 제가 일부러 그 차를
따라가는 게 아니라 잠깐 차선을 바꾸는
사이에 그런 얘기를 하니까 운전자 입장
에서는 좀 황당하고 어이없고 그런 사례
가 좀 많았습니다.

김 현 정   많았어요. 매일 이런 일이 있었다. 그러면
뭘 잘못해서 내가 진짜 뭔가 꾸지람을 들
을 만해, 라는 상황에서 쏟아진 폭언이어
도 문제인데 그럴 상황이 전혀 아닌데도
이런 폭언이 그냥 수시로 나왔다는 말씀
이세요?

운전기사   네, 그렇습니다.

김 현 정   언어적인 폭력 말고 혹시 뭐 다른 것도 있
었습니까?

운전기사   인격적으로 언어적인 폭력 외에 인격적으
로 사람을 하대하고 무시하고 업신여기고
그리고 엄연히 제 이름 석 자가 있는데 제
가 이렇게 일하면서 제 이름을 들어본 적
이 없습니다.

김 현 정   이름을 들어본 적이 없다는 게 무슨 말이
에요? 누구누구 기사, 뭐 이렇게 부르지
않아요? 그러면 뭐라고 합니까?

운전기사	야, 너, 인마.
김 현 정	인마?
운전기사	네네.
김 현 정	그래요. 불법운전 지시, 이런 것도 있었다는 게 무슨 말씀이시죠?
운전기사	예를 들어서 어떤 스케줄이 있으면 예를 들어서 저녁 시간대라든지 퇴근 시간 무렵에는 항상 트래픽이 걸리지 않습니까?
김 현 정	그렇죠. 교통이 막히죠.
운전기사	네네. 그러면 좀 서둘러서 그걸 감안해서 서둘러서 나오시면 운전자 입장에서 좀 여유 있게 이렇게 모실 수가 있는데 항상 쫓기듯이 항상 모든 일정을 촉박한 시간 안에 쫓기듯이 운행을 했었습니다. 그렇다 보면 운전자 입장에서는 그래도 최소한 안전운전을 하면서 그 시간을 맞추려고 노력을 하는데 그 노력하는 건 생각 안 하시고 만약에 전방에 사람이 없거나 차량이 없으면 빨간불을 계속 무시하고 통과해라. 그 말을 안 들으면 이제 막 폭언이 날아오고. 고속도로를 운행을 하다가 차가 막히면 전용차선을 타라.
김 현 정	전용차선 타라, 버스전용차선. 야, 지금 뭐 인마, 저기. 지금 약속 시간 늦었는데 이렇

게 가면 돼? 신호 무시하고 전용차선 타고 가, 뭐 이런 지시들?

운전기사 그렇죠. 그거를 만약에 그 지시사항에 대해서 어떠한 반론을 얘기하고 설명을 하면 시끄럽다, XX야 뭐 이러면서

(중략)

김 현 정 그러니까 우리 지금 인터뷰 하시는 기사님이 최초 제보를 하셨고 여기에 용기를 내서 다른 두 분도 또 제보를 하셨다고 제가 들었어요.

운전기사 네네네. 좀 전에 지금 앵커께서 말씀하셨듯이 저 역시 만약에 그런, 저한테만 관련된 어떠한 꾸짖음과 어떠한 폭언을 하면 그건 제가 삭히겠는데 저 역시도 만약에 제 부모를 거들먹거리면서 너희 부모가 불쌍하네 어쩌네 하면서 제 부모까지 그런 말씀을 하신다면 저도 아마 더욱더 참기 힘들었을 상황이었을 겁니다.

(중략)

김 현 정 그렇죠. 그런데 이 종근당 회장의 말투를 보면 정말 운전기사 분들한테만 이랬을까 싶어요, 폭언을. 혹시 다른 사례들은 뭐 들으신 게 없습니까?

운전기사 저는 운전기사들뿐만 아니라 회사에서

근무하는 비서실 어린 20대 여직원들 그
리고 회사 임직원들. 지금 방송에 나온 그
것보다 더 심한 욕설도 있었습니다.

김 현 정   그거 들으셨어요, 직접?

운전기사   네, 그렇습니다.

김 현 정   운전할 때 그러니까 뒤에서 통화하는 거
이런 거 들으신 겁니까?

운전기사   네, 그렇습니다.

김 현 정   더 심한 욕설을 다른 직원들에게도. 결국
은 참다 참다 3개월 만에 그만두셨어요.
그런데 그냥 그만두고 끝내는 게 아니라
이렇게 녹음을 해서 폭로까지 나서게 된
이유는 뭘까요?

운전기사   사실 저도 그냥 기존에 있던 사람들처럼
못 견디고 힘들고 그래서 그냥 그만두고
말지 이렇게 할 수도 있었지만 이게 어제
오늘 잠깐 있었던 내용이 아니라 제가 알
기로는 한 몇 년 전부터 길게는 한 10년
이상도 그전부터 이런 일이 있었다고 저
는 알고 있습니다. 그래서 저 또한 그냥 나
하나 참고 나가자. 이렇게 나갔으면 이게
그러니까 언론화를 안 시키면.

김 현 정   앞으로 계속되겠구나. 이 갑질이 끝나지
않겠구나.

운전기사	네네.
김 현 정	그런 생각이 들었어요?
운전기사	기사뿐만이 아니라 아까 말씀드렸듯이 여자 비서들, 회사 임직원들 그런 사람들이 계속 이렇게 되지 않을까 싶어서 진실을 좀 밝히고 싶었고.
김 현 정	용기를 내신 겁니다.
운전기사	네. 또 하나 이 회사가 종근당이라는 회사가 약을 만드는 제약사인데 사람의 병을 치료하고 낫게 하는 약을 만드는 회사가, 대외적으로는 그런 좋은 회사로 보일지는 몰라도 실질적으로는 내부적으로는 사람한테 상처를 주고 병을 주는 그런 부분을 좀 밝히고 싶었었습니다.
김 현 정	약을 만드는 회사가 이렇게 상처를 줘도 되는 건가라는 생각에 분해서 끊어야겠다. 이 고리를 그런 생각을. 이 폭로가 나간 게 이제 어젯밤이죠, 첫 보도가 나간 게?
운전기사	네, 그렇습니다.
김 현 정	그리고 나서 회사에서 금방 알았을 텐데. 사과 같은 거 못 받으셨어요?
운전기사	회사에서는 저에게 접촉을 해서 회장님이 사과를 하고 뭐 그러겠다 그러니까 만

나자, 만나달라 얘기를 했었지만 저는 그 게 진정성 있는 사과로 받아들일 수 없었 고 그냥 단지 이 지금 사태를 조금 묻어두 고 조금 덮으려고 하는 그런 기분에 응하 지 않았습니다.

김 현 정   그렇군요. 그러면 아직 사과는 못 받은 상 태. 만나달라는 제안만 받은 상태란 말씀. 아까 내 앞에도 훨씬 더 있었다 이런 말씀 하셨는데 그러면 지금 용기 있게 나선 분 은 세 분이지만 수십 명에 이르는 겁니까? 이런 폭언을 당한 분이?

운전기사   네, 그렇습니다.

(하략)

이 회장의 폭언에 시달렸던 다른 운전기사들도 비슷 한 내용의 말을 했다.

2개월 남짓 이장한 회장 차량을 운전하다 최근 퇴사한 ㄴ씨는… <한겨레>와 만나 "회장 차량을 운전했던 2달 간 스트레스로 인해 몸무게가 7kg이 넘게 빠졌고, 매일 같이 두통약을 두 알씩 먹었다. 응급실로 실려 가기도 했 다"며 "회장의 폭언으로 공황장애가 와 회사를 그만둔 기사도 있다"고 말했다.

최근 6개월가량 회장 차량을 몰았다는 ㄷ씨는 "운전하

는 게 본인 마음에 들지 않거나 불쾌한 일이 있으면 본
인 성질을 못 이겨 휴대폰을 집어 던지고, 조수석을 발
로 차기도 했다"고 증언했다. ㄱ씨도 "성질나면 조수석
을 종종 발로 찼다"고 말했다.… ㄴ씨가 2015년 녹취한
파일을 들어보면, 이장한 회장은 직진을 해야 함에도 불
구하고 우회전 전용차로로 진입하라고 지시한 뒤 "뒤에
우회전하는 차량 있을 테니까, 미안하다고 하고 앞으로
가. 이 XX야, 가고 비상 라이트를 켜, 미안하다고. 아이
XXXX"라고 말하기도 했다. ㄴ씨는 "(회장이) 술에 취해
서 차에 타면, 파란불에 보행자가 지나고 있는데도 횡단
보도를 지나가라고 했다"며 "회장은 항상 '벌금을 내면
되지 않느냐. 내가 늦지 않는 게 중요하다'는 태도였다"고
말했다.[1]

현재 이장한 회장은 종근당과 지주회사인 종근당
홀딩스, 계열사 종근당 바이오와 경보제약에서 회장직
을 수행하고 있으며, 전국경제인연합회 부회장을 맡고 있
다.[2] 이분, 고려대를 졸업하셨다.

---

1   한겨레 2017.07.13 「종근당 회장, 운전기사 욕설·폭언…1년새 3명 '퇴사'」

2   중앙일보 2017.07.31 「운전기사 상습 폭언 이장한 종근당 회장, 경찰 소
     환」

꼴값 좀 그만 떨어라

세 분을 보면서 배움이 필요한 이유를 알 수가 없어
졌다. 세 분의 공통점은 고려대를 졸업했다는 것이다. 고
려대의 교육목적은 "민주 교육의 근본이념을 바탕으로
학술이론과 그 응용 방법을 교수 연구하는 동시에 국가
와 인류 사회 발전에 필요한 인재"를 육성하는 것이란다.
국가와 인류 사회 발전은 접어두더라도 다른 사람에게 고
통을 주는 말과 행동만이라도 하지 않았으면 좋겠다. 국
가와 인류 사회 발전이라는 교육목표는 너무나 거창하
다. 그저 사람이 되는 데에도 도움이 되지 못한다면 교육
이 필요한 이유는 무엇일까? 배워도 사람이 되지 못한다
면 배우지를 말아야 한다. 배움이 오히려 더 많은 사람에
게 고통을 주기 때문이다.

돈이 필요한 사람은 자신의 노동력을 일정한 급여를
받고 제공한다. 노동력이 필요한 사람은 일정한 급여를
지급해서 노동력을 제공받을 뿐이다. 그런데 이들은 마치
사람의 노동력만이 아니라, 인격까지도 돈으로 샀다고 생
각하고 있는 듯하다. 이들은 봉건시대 귀족들이 노예를
대하는 것처럼 직원들을 대하며 21세기를 살고 있다. 어
쩌다 재수 없이 걸려서 언론이 시끄럽게 떠들어대면, 레
밍 같은 사람들이 우르르 따라서 떠들어대다가도, 개·돼
지처럼 곧 잊어버린다고 여기는 모양이다. 어쩌면 이 세
분은 재수 없이 걸린 것일 뿐이라고 생각하면서 억울해

하실 듯도 하다.

　재수 없이 걸린 분이 한 분 또 계시다. 종근당의 이 장한 회장 사건 1년 전에 발생했던, 정일선(47) 현대BNG 스틸 사장의 운전기사 '갑질 매뉴얼'도 유명하다. A4용지 140쪽가량의 '갑질 매뉴얼'에는 '정 사장의 운동복 세탁 방법'과 '운동 후 봐야 하는 신문 위치' 등 상세한 업무 지시가 적혀 있었다. 운전기사들은 해당 매뉴얼을 제대로 이행하지 못하면 감봉조치를 당하고, 정 사장에게 모욕적인 언행과 폭행을 당한 것으로 알려져 논란이 커졌다.[1]

> 정 사장 수행기사의 제보에 따르면, 정 사장은 수행기사에게 자신의 속옷, 양말 등을 챙길 때 군대에서 접듯 세 번 각을 잡고 밴드 쪽으로 말아 올리라 했다고 한다 . 또한 이렇게 각을 잡은 속옷과 양말은 가방의 특정한 주머니에 넣어야 했다. 만약 다른 주머니에 넣으면 "누가 니 맘대로 하래? X신 같은 X끼야, 니 머리가 좋은 줄 아냐? 머리가 안 되면 물어봐"라는 말과 함께 폭행을 하기도 했다. 또 다른 수행기사는 "챙길 게 워낙 많다 보니 운동 갈 때 머리띠나 양말 등을 하나씩 빠뜨릴 때가 있는데 그러면 난리가 난다"고 밝히기도 했다. 그는 정 사장이 "병신 X끼 이런 것도 안 챙기냐, 그럼 운동 어떻게 해? X신

1　한국일보 2017.07.18 「폭력도 특권인가요?' 기업 총수들의 '갑질'역사」

아"라면서 정강이를 발로 차고 주먹으로 머리를 내리쳤
다고 증언했다. 수행기사의 증언은 여기서 멈추지 않는
다. 또 다른 수행기사는 "정 사장 본인이 늦게 나와 놓고
서는 '시간 걸리는 거 뻔히 아는데 너 왜 나한테 빨리 출
발해야 한다고 말 안 했어. 5분 늦을 때마다 한 대씩'이
라며 옥박질렀다"고 했다.[1] 사람을 대하는 태도와 언행
이라고 보기 어렵다. 혹시 그는 돈으로 사람의 인격까지
살 수 있다고 생각한 것은 아닐까? 현대비앤지스틸 기사
면접을 봤던 또 다른 수행기사는 면접 당시 사전에 "'혹
시라도 주먹이 날아가도 이해해라'는 말을 들었다"고 한
다.[2] 심지어 고용하지 않은 상태에서도 폭행을 하는 것을
보면 꼭 그런 것만은 아닌 것도 같다.

이후 고용노동부의 조사로 정 사장이 3년 동안 61명
의 운전기사에게 주 56시간 넘게 일하게 한 사실이 추가
로 밝혀졌다. 지난(2017년) 2월 서울중앙지법은 근로기준
법 위반 혐의로 약식기소된 정 사장에게 벌금 300만 원
의 약식명령을 내렸다.[3] 이분, 역시 고려대를 졸업하셨다.

---

1   동아닷컴 2016.07.27 「정일선 사장 기소의견 검찰 송치…피해 운전사들 증
     언 들어보니 "가관"」

2   동아닷컴 2016.07.27 위의 기사

3   한국일보 2017.07.18 「'폭력도 특권인가요?' 기업 총수들의 '갑질'역사」

이번 장은 내가 쓸 게 없다. 신문기사만으로도 마치 영화 같은 이야기가 펼쳐졌기 때문이다. 좋은 글을 쓰지 못하는 처지에서는 더욱더 손 댈 곳이 없었다. 그저 언론보도 내용을 읽기 편하게 배치하는 것만으로 이야기는 너무나도 훌륭했다. 그렇게 이 네 분의 언론보도를 찾고 정리하면서 문득 '꼴값'이라는 단어가 떠올랐다. 남들이 부러워할 만한 학벌과 재력과 권한을 가지고 계신 분들이 격에 맞지 않는 행동들을 터무니없이 많이 했기 때문이다.

꼴값은 '얼굴값'을 속되게 이른 말로 격에 맞지 않는 아니꼬운 행동을 할 때 사용하는 말이다. '꼴값 한다'보다 '꼴값 떤다'로 더 많이 쓰인다. 사실 "꼴깝 떨고 있네"라는 식의 말은 막장 드라마에서 부유층인 악인이 하층민인 선한 주인공에게 경멸하듯 내뱉는 말이다. 시청자들의 분노를 유발하면서 감정을 격하게 만들기 좋은 표현이다. 현실에서는 최근 최순실 씨가 내뱉어서 화제가 되기도 했다. 노승일 K스포츠 부장이 "정유라 혼자만 지원받으면 문제가 커진다, 다른 선수를 들러리 세워야 한다"는 이야기를 최순실 씨에게 전달하고 최 씨에게 들은 이야기가 바로 "꼴값 떠네"이다. 어쩌면 위의 네 분도 주변 사람들은 물론, 자신이 고용한 사람들에게 자주 사용하던 말은 아니었을까?

　　하지만 나는 알고 있다. 진짜 꼴값을 떨고 있는 것
은 그들이라는 사실을 말이다. 상황에 맞지 않거나, 좀 부
족한 행동을 하더라도 반성하고 고쳐나가는 사람을 두고
꼴값 떤다고 이야기할 수는 없다. '격'이 있는 그들이 그
격에 맞지 않는 행동을 해대고 있으니 '꼴값'은 그들의 몫
이다. 정말 꼴사나운 짓거리나 일삼는 그들에게 조용히
귓속말로 말해주고 싶다. "꼴값 좀 그만 떨어라!"

5

서연고 쓰레기는 어떻게 만들어졌나?

그들은 대학에서 무엇을 배울까?

교육에 덧씌워진 환상

삼성전자의 이름이 '삼송전자'였다면 이상했을까? "내 아들 삼송전자에 합격했어"라고 당당하고 멋지게 이야기할 수 없었을까? 아닐 것이다. 아마 '삼송전자'도 멋진 이름으로 들렸을 것이다. '삼성'이라는 이름은 '삼송'처럼 결코 멋있는 이름이 아니다. '삼성'이라는 이름 자체를 조금 더 객관적으로 보기 위해 삼성과 전자를 억지로 떼어내어 다른 회사 이름을 만들어보자. 삼성통신, 삼성마트, 삼성호텔, 삼성텔레콤, 삼성제과, 삼성가구, 삼성은행 등 멋진 이름이 결코 아니다. 서울대, 연세대, 고려대의 이름도 삼성전자와 별 차이가 없다.

우리는 서울대, 연세대, 고려대의 이름이 멋있어 보인다. 그런데 사실 이름만 보면 멋진 이름이라고 할 수는 없다. '서울'이야 대한민국의 가장 큰 도시 이름이니 별로 할 말이 없다. 하지만 도시 이름으로 만든 다른 대학 이름과의 격차는 도시의 격차보다 훨씬 크게 느껴진다. 부산대, 대구대, 인천대, 광주대와 비교해보면 쉽게 느낄 수 있다. 부산, 대구, 인천, 광주 모두 대도시다. 하지만 대학 이름이 붙으면 서울대하고는 그 격의 차이가 확연하게 달라진다. 고려대는 멋진데, 고구려대는 이상한 이유는 뭘까? 대학을 빼고 보면 '고려'와 '고구려'가 무슨 차이가 있을까? 백제대, 신라대, 조선대는 어떤가? 연세대는 그냥 나이의 높임말인 '연세'로 들릴 뿐이다.

멀쩡한 이름을 가지고 왜 이런 엉뚱한 짓을 하고 있는 것일까? 이름에 대한 느낌은 대상에 대해 가지는 우리의 태도에 따라 달라진다는 말을 하고 싶었기 때문이다. 고유명사만이 아니다. 아무렇지 않게 받아들이고 있는 단어들의 느낌은 그 단어가 표현하는 대상에 편견을 심어주기에 충분하다. 다음의 단어들은 어떤가? 민영화/사기업화, 근로자/노동자, 노동유연성/해고편리성, 살색/연주황, 벙어리장갑/엄지장갑, 의사/여의사 등등.

'교육'이라는 단어가 주는 느낌은 어떤가? 단어가 가지는 이미지에 대한 이야기를 조금 더 깊게 해보자. 교육은 신화화된 언어다. 교육은 아래 표와 같이 '지식과 기술 따위를 가르치며 인격을 길러줌'이라는 뜻을 가진 단어다.

 교육 A   지식과 기술 따위를 가르치며 인격을 길러줌

하지만 우리에게 교육은 학교에서 받아야 하는 것으로 여긴다. 공인된 자격증이나 졸업증이 교육의 의미를 덮어씌운 것이다.

대학교 / 자격증
고등학교

지식과 기술 따위를 가르치며 인격을 길러줌

여기에 그치지 않는다. 우리는 교육을 당연히 받아야 하고, 많이 받을수록 뛰어난 실력을 갖추고, 현명하다고 생각한다. 물론 성공하기 위해서도 교육이 필요하다고 생각한다.

현명함 / 똑똑함
성공

대학교 / 자격증
고등학교

지식과 기술 따위를 가르치며 인격을 길러줌

교육A는 대체로 인류 보편적인 의미다. 어떤 시대,

어떤 나라에 가더라도 비슷한 의미를 가진 단어인 셈이다. 교육B는 일정한 시대, 일정한 나라에서만 통용되는 의미를 가진 단어다. 그래도 교육B는 보편적이다. 교육C는 특정한 시대, 특정한 나라에서만 통용되는 의미를 가진 단어다. 대한민국의 교육은 교육C다. 우리는 우리가 알고 있는 교육과 대학의 의미가 보편적인 것이 아님을 알아야 한다.

존 테일러 개토의 『바보 만들기』라는 책의 부제는 "왜 우리는 교육을 받을수록 멍청해지는가?"이다. 30년 동안 뉴욕의 공립학교에서 교사생활을 한 그는 학교에서 행해지는 교육이 아이들을 억압하고 죽은 지식으로 바보로 만든다고 이야기한다.

앞에서 고등학교 교육의 문제점을 살펴보았다. 그렇다면 그들은 대학에서 무엇을 배울까?

서울대에서는 누가 A+를 받는가

위의 소제목은 2014년에 출간된 책의 제목이다. 공부를 잘하고 싶은 학생이라면 꼭 보고 싶은 책 제목이다. 책의 저자도 보통의 학생들에게 도움을 줄 수 있을 것이라고 생각하면서 책을 쓰려고 했다. 저자는 서울대 전체

학생의 2.5%인 최상위권 학생들 150명을 조사했다. 이들 중 46명이 자발적으로 인터뷰에 응했고, 심층면접을 통해 그들의 공부 방법을 조사했다. 그렇게 해서 그들이 우수한 성적을 거두고 있는 비밀을 밝혀낼 수 있었다. 하지만 저자는 조사를 진행하면서 점점 당혹해한다. 우수한 성적을 받은 최상위권 학생들의 공부 방법을 보통의 학생들에게 소개할 수가 없었기 때문이었다. 왜 그랬을까?

『서울대에서는 누가 A+를 받는가』에 인용된 서울대 사범대 '예은이'라는 학생 인터뷰 내용에 따르면, 서울대에서 높은 성적을 유지하는 비법은 아주 단순하고 쉬웠다고 한다. "교수님께서 얘기하시는 걸 말의 형태로 그대로 적어요. 요약하는 게 아니라 교수님 말씀을 완성된 문장 그대로 똑같이 적는 거예요. 단어도 그대로 똑같이. 그림은 교수님이 칠판에 그리는 것만 적어요. 교수님 '말'이 제일 중요해요." 또한 자연과학대 '현선이'는 필기만으로는 안심이 안 되어서 녹음까지 한다고 한다.

이들은 이렇게 1차 필기를 한 뒤에 필기 내용을 구조화하고, 도식화하면서 요약·재정리를 하는 2차 필기를 한다. 시험 때는 이렇게 재정리된 내용을 암기해서 가능한 한 교수가 한 말에 가깝게 써 낸다. 예은이와 현선이만이 아니었다. 조사한 46명의 87%의 학생들이 강의실에서 교수의 말을 그대로 받아 적고 있었다. 최우수 학생

중 한 명인 '경빈이'는 대학교 1학년 때 시험에서 자신의 생각을 드러내려고 했다가 형편없는 학점을 받았다. 그 뒤로 경빈이도 다른 학생들과 똑같이 그저 받아 적고, 시험을 볼 때에는 자신의 생각을 없애고 나서야 우수한 성적을 받을 수 있었다. 실제 이들 중 41명의 학생들은 "교수보다 본인의 생각이 더 맞는 것 같아도 시험이나 과제에 자기 의견을 적는 걸 포기했다"고 밝혔다.

　서울대 학생들은 예습을 하지 않는다. 아니, 할 필요가 없다. 스스로 공부해야 하는 예습이 이들에게는 필요하지 않다. 예습을 하고 의문을 가지고 수업에 들어갈 필요도 없으며, 스스로 이해해야 하는 예습은 괜히 시간만 많이 걸리기 때문에 효율적이지 않기 때문이다. 또 이들은 의문을 품지 않는다. 아니, 품을 필요가 없다. 그저 교수의 말을 맹목적으로 받아 적고 암기만 하면 최고 점수가 나오는데 왜 쓸데없는 의문을 가지겠는가? 이들은 질문도 하지 않는다. 너무나 당연히 질문을 할 필요가 없기 때문이다. 2010년 서울에서 열린 G20 정상회의 기자회견 당시 버락 오바마 미국 대통령이 "한국 기자들의 질문을 받겠다"고 여러 차례 말했음에도 단 한 명도 손을 들고 질문을 한 한국 기자는 없었다. 결국 "나는 중국인이다. 그렇지만 아시아를 대표해 질문을 하겠다"는 중국 기자에게 질문은 넘어갔다.

그들은 대학에 입학해서도 대입을 준비하던 방법과 다를 바가 없는 공부를 하고 있다. 그저 받아 적고, 외우고 있는 장소만 바뀌었을 뿐이다. 그들은 대학교에서도 강의식 수업을 들으며 시험에서 높은 점수를 받기 위한 공부만 하고 있다. 대학 교실에서도 수동적인 학습을 하는 이들이 행정고시나 사법고시를 준비한다고 하면 어떻게 될까? 그저 어렵고 복잡하기만 한 죽은 지식을 머릿속에 많이 쑤셔 넣기 위해 신림동 고시원에 처박혀 있을 것이다. 그랬던 그들이 고시를 통과해서 고위 공직자가 되고, 판검사가 된다. 그렇게 높은 자리에 오른 이들은 자신보다 높은 사람 앞에서는 약해진다. 의심하지 않고, 생각 없이 그냥 따른다. 그것이 가장 안전하게 성공하는 길이라는 것을 잘 알고 있기 때문이다. 이들에게 도대체 무엇을 기대할 수 있을까?

상당수의 서연고 학생들은 비판적 사고와 창의적 사고를 가지지 못한다. 그렇게 질문도 하지 못하고, 근본적인 의문도 품지 못한 그들이 학교 밖에서는 엄청난 대접을 받는다. 단지 서연고를 다닌다는 이유만으로 말이다. 글을 쓰면서도 짜증이 밀려온다.

대학에서도 사교육 받는 멍청이들

'신설-대학생 학점 (오프라인) 관리반', '확실한 클리닉 수업', '이해가 안 되는 부분, 과제 하는 데 어려운 부분 해결해 줌'

올해 서울대 공과대학에 합격한 아들 유민수(가명·19)씨를 둔 유창섭(가명·49)씨는 지난달부터 여러 차례 대치동 유명 입시 A학원으로부터 이 같은 문자메시지를 받았다. A학원은 민수씨가 이 학원의 서울대 면접대비반에 한 달 다녔던 개인정보를 활용, 최근 신설한 강의를 학부모에게 문자로 홍보한 것이었다. 유씨가 받은 문자 내용 속에는 "A학원에서 새롭게 시작하는 대학 신입생반-대학에서도 우등생 예약", "대상은 서울대 이공계열 신입생으로 한정" 등 낯 뜨거운 홍보 문구가 담겨 있었다.…

중·고등 입시를 넘어 대학 학점까지 관리해 주는 학원들이 서울 대치동에 속속 등장하고 있다. 물론 앞서 대학 전공 해설 인강(인터넷 강의)은 존재해 왔다. 그런데 최근에는 온라인을 넘어 오프라인 '학점 관리반'까지 등장한 것이다. 대학 학점을 해결해 주는 일명 '클리닉 강의'가 그것이다.

…A학원 관계자는 "다른 대학교 학생도 수강할 수는 있지만, 강의 교재를 서울대 전공 교재인 미적분학을 쓴다는 것을 명심해야 한다"며 "애초에 서울대 신입생을 염두에 두고 한정 강의로 만들었기 때문"이라고 선을 그었다. 강의는 서울대 미적분학1, 일반통계학, R 통계학, 일

반물리 등 이공계 전공 해설이 대부분이다.[1]

학점을 잘 받기 위해 학원을 다니는 서연고 학생들이 많은 모양이다. 정말 부끄럽지도 않은 모양이다. 아래는 YTN 뉴스다.

[앵커] 최근 서울 강남의 입시 전문학원에 대학교 신입생을 위한 이른바 학점 관리반이 생겼습니다. 대학 전공과목을 배우려 학원을 찾는 명문대 신입생들, 사교육을 벗어나지 못하는 씁쓸한 현장을 차정윤 기자가 다녀왔습니다.

[기자] 서울 대치동의 입시전문학원. 학부모가 상담 창구에서 수업을 신청하고 결제합니다. 과목은 다름 아닌 대학 강의. 최근 대학에 입학한 아들을 위해 입시학원이 마련한 대학 전공과목 보충 수업을 대신 등록해주는 겁니다.

[학부모: 서울대 미적분이요. 물리 1하고요. (○○○선생님이 하는 거요?) 네.]

[학부모: (아들이) 조금 더 공부 좀 하면서 하는 게 나을 것 같다고, 너무 오래 안 해서요. 그래서 제가 신청했어요. 자기가 (강의가) 있으면 하나 들어보고 싶다고 해서

---

1   조선에듀 2017.03.07 「"학점 관리도 내신처럼" 대치동 학원가로 향하는 SKY생들」

요. (혹시 아드님이 어느 학교 다니세요?) 서울대요.][1]

　　보도된 학원의 수업은 한 과목에 50만 원씩, 5주 동안 주말마다 진행된다고 한다. 대학에서 단순히 받아 적는 것으로는 부족해서 학원까지 다니는 모습이 눈물겹다. 도대체 '애네들' 왜 이러는 걸까? 정말 부끄럽지도 않은 걸까? 그래도 명색이 서연고 학생인데 말이다. 자신의 모습을 되돌아보는 능력 따위는 애초에 없는 모양이다.

1　　YTN 2017.03.19 「"전공 과목도 학원에서" 사교육 못 벗어나는 대학생」

열등감이 만들어준 우월감

그들이 본 세상

나는 공부를 잘한다. 전교 1등을 놓친 적이 없다. 엄마는 나를 믿는다. 동생은 철이 없다. 공부도 건성이고, 생활도 엉망이다. 어릴 때는 나를 미워하기도 했지만, 지금은 아니다. 나 같은 형을 둔 것이 자랑스럽기도 할 것이다. 물론 내 앞에서는 전혀 아니다. 억울할 일도 없는데 툭하면 억울해하고 짜증만 낸다. 나는 자신에게 주어진 일을 제대로 하지 않는 동생이 답답하다. 나에게 향하는 부모님의 애정은 당연하다. 하고 싶은 일들을 참으며 공부를 하고 있기 때문이다. 안정적인 직장이나 전문직을 가질 내가 부모님의 노후를 책임질 가능성이 훨씬 높기도 하다. 엄마는 친구들에게 내 자랑을 자주 한다. 아빠는 직접적으로 심한 잔소리를 하지는 않지만 내심 의대나 서울대는 가야 한다고 생각하시는 듯하다. 학교 선생님들도 학원 선생님들도 모두 나에게 잘해준다. 내가 좋은 대학에 가는 것이 자신들에게 큰 도움이 되기 때문이다.

무난하게 서울대에 합격할 수 있는 학생의 입장에서

엉터리 글을 써보았다. 그들이 본 세상은 어떤 모습일까? 그들을 대하는 주변 사람들의 태도는 어떠했을까? 형제든, 자매든, 남매든 두 명의 자녀 중에 한 명이 유독 공부를 잘하는 경우를 생각해보자. 부모의 관심과 애정은 대체로 공부를 잘하는 한 명에게 집중되기 마련이다. 학교와 학원의 어른들도 마찬가지다. 성적이 유지되고 향상되기만 한다면 세상 모두가 그들의 편이다. 공부로 인한 스트레스는 크겠지만, 그에 못지않은 대접을 받는 것은 당연한 일로 여길 것이다. 그들은 그들에게 향하는 부정적인 이야기도 부러움에서 비롯된 질투로 여기지는 않았을까?

우월감은 어떤 기준을 바탕으로 상대적인 위치가 높아서 만들어진 남보다 낫다는 생각이나 느낌이다. 우월감을 느끼기 위해서는 남들과 비교할 수 있는 기준이 필요하다. 대한민국에서 가장 쉽게 우월감을 느낄 수 있는 기준은 단연 성적과 학벌이다. 혼자 느끼는 우월감이 무슨 문제가 있겠는가? 하지만 밖으로 드러난 우월감은 폭력이 되는 경우가 많다.

1967년에 1월에 태어나서 서울대 법대에 합격하고, 만 20살이 되는 해인 1987년 사법시험에 역대 최연소의 나이로 합격한 사람이 있다. 그는 20대 중반의 나이로 검사 생활을 시작했다. 그에게 세상은 어떤 곳으로 보였을

까? 많은 사람들이 그 앞에서 굽실거릴 때 그는 무슨 생
각을 했을까? 그가 느낀 우월감은 공부에서 시작되어 그
앞에서 주눅 들었던 주변 사람들로 완성되었을 것이다.
그는 질문을 던진 기자에게 쏘아붙인 강렬한 눈빛과 자
신을 조사하는 검사들 앞에서 팔짱을 끼고 있는 모습으
로 우리들에게 그가 가진 우월감을 가슴 깊이 새겨주었
다. 그의 이름은 우병우다.

　　우병우만은 아닐 것이다. 서울대에 입학한 이언주
의원, 김문수 전 도지사, 안상수 시장, 박희태 전 국회의

경향신문 2016.11.8, 〈김용민의 그림마당〉

장, 김학의 전 차관도 그러지 않았을까? 연세대에 입학한 나향욱 정책기획관도 그러지 않았을까? 고려대에 입학한 김학철 도의원, 홍준표 당대표, 윤창중 전 청와대대변인, 최철원 회장, 이윤재 회장, 김장겸 회장도 그러지 않았을까? 그들이 어려서부터 보아온 세상은 어떤 곳이었을까? 국정농단 사태로 재판을 받게 된 서울대를 졸업한 이재용 삼성전자 회장은 박근혜 전 대통령과의 독대 자리에 대해 "여자 분한테 싫은 소리 처음 들어"라는 말을 했다.[1] 그의 아버지를 제외하고 누가 그에게 싫은 소리를 할 수 있었을까? 그들은 세상이 자신들에게 맞추어야 직성이 풀리지 않았을까?

어려서부터 부모 잘 만나서 유복한 환경에서 자란 사람들이야 더 이상 말할 것도 없다. 그들은 서울대에 입학하기 전부터 특권의식을 가진다. 자신을 특별 대접해주는 주변 사람들에게 익숙하다. 물론 그들 대다수는 그런 지위를 유지하기 위해 강박적인 노력을 지속한다. 누구에게 지는 것이 싫기 때문이다. 그들은 대한민국에서 점수, 대결, 성과, 승리를 가장 좋아하는 사람들이다. 자신을 평가하는 기준 중 다른 사람이 알 수 있는 것을 명확히 알고 있고, 그에 부합하기 위해 끊임없이 노력한다. 물론 눈에 보이는 결과를 위해서 눈에 보이지 않는 영역에서는

1   동아일보 2017.08.04 「박근혜 前대통령 독대 상황 밝힌 이재용 "여자 분한테 싫은 소리 처음 들어"」

수단과 방법을 가리지 않는 경우도 많다. 돈도 많고, 공부도 잘했으니, 주변 사람들에게 우월감을 느끼며 자신의 아랫사람 대하듯 함부로 했을 것이다. 그러다 재수가 없어서 신문에 실리기도 했을 것이다.

변방에서 중심으로

그런데 김학철 도의원과 김문수 전 도지사 그리고 홍준표 자유한국당 대표는 가난한 어린 시절을 보냈다. 김학철 도의원은 손님에게 갑질을 당하면서도 한마디도 못 하시던 어머니를 보며 눈물을 흘리고, '나 같은 아이를 만들지 않는 세상'을 만들기 위해 열심히 공부했다고 한다. 홍준표 당대표도 사법시험에 떨어진 어느 겨울밤, 아버지가 계신 울산에 내려갔다가 바닷가 모래밭에 모닥불 피워놓고 플라스틱 목욕탕 의자에 앉아 있는 일당 800원짜리 현대조선 경비원 아버지의 등판을 보고서 속으로 피눈물을 흘리며 불공평한 세상을 바꿀 결심을 했다고 한다.[2] 김문수 전 도지사에게도 이런 경험이 있었을 것이다. 이들 뿐만이 아니다. 가난한 서연고 학생들도 이들과 비슷한 경험을 한 학생들이 많을 것이다. 그런데 그들 중 상당수가 권력과 돈을 탐하며, 주변 사람들에게 갑질의

---

2   오마이뉴스 2011.07.05 「'순정마초' 홍준표, '공주'를 보호할 수 있을까」

행태를 보이는 이유는 무엇일까?

　그들은 서연고에 입학한 순간부터 지금까지 상대해
왔던 경쟁자와는 차원이 다른 사람들을 만났다. 가난하
지만 그래도 공부만큼은 항상 최고였던 그들, 주변에서
늘 잘한다는 말을 듣던 그들도 서연고에 가면 평범해진
다. 거기서도 잘하는 소수가 생기기 마련이다. 그들은 예
전처럼 전교 1등의 자리를 유지하기가 어렵다는 것을 알
게 된다. 또한 그곳에서는 단지 자신의 노력만으로 가능
한 공부만이 비교 대상이 아님도 알게 된다. 사는 곳이
어디인지, 졸업한 고등학교는 어디인지, 아버지는 무슨 일
을 하는지, 집안은 어떤지 등과 같이 자신의 노력으로 바
꿀 수 없는 기준을 느낀다. 자신이 지금껏 만나본 적 없는
좋은 집안의 자녀들을 보면서 무슨 생각을 했을까? 설마
정의로운 세상을? 설마 평등한 세상을? 아닐 것이다. 고
생하신 부모님을 위해서라도 자신도 성공해서 이름을 날
리고 싶었을 것이다. 그들 앞에서 자존심 구겨지지 않기
위해서라도 더 열심히 성공을 위해 이를 악물고 살았을
것이다. 혹시 마음속으로는 이런 생각을 하지 않았을까?
'나도 너희들처럼 떵떵거리면서 살 거야.'

　그렇게 변방에서 중심을 꿈꾸던 그들이 한자리를 차
지하게 되었다. 그들은 해보고 싶었을지도 모른다. 자신
의 신분을 여러 번 밝혀서라도 상대방에게 인정을 받고,

사람들이 비난을 하더라도 자신의 위치가 높음을 확인하고, 자신이 당한 일을 반대편의 위치에서 흉내 내면서 성취감을 느끼고 싶었을지도 모른다. 우월감만을 가지고 있는 돈 많은 동기들과 다르게 이들의 마음속에서는 열등감과 우월감이 이상한 화학작용을 일으켰음이 분명하다. 어쩌면 갑질의 쾌감은 원래부터 갑질을 해왔던 돈 많은 서연고 출신보다 이들이 더 크게 느끼지 않을까?

그들 앞에 있던 우리들

그들이 본 세상은 어떤 곳이었을까? 도대체 세상이 얼마나 우스웠기에 사람들에게 상처를 주는 말과 행동을 서슴없이 할 수 있었던 것일까? 그들은 공부를 잘했다는 이유로 이런저런 잘못을 저질러도 괜찮았을 것이다. 그들에게 잘못을 일깨워주는 어른은 없었을 것이다. 학벌과 권력, 혹은 학벌과 돈을 쥔 그들 앞에서 우리들은 고개를 조아렸고, 그들은 그것을 당연하게 생각했을 것이다. 사람들을 조금 함부로 대해도 괜찮았던 경험이 사람들을 무시하게 했을 것이고, 사람들을 무시해도 괜찮았던 경험이 사람들의 자존심을 짓밟게 했을 것이고, 사람들의 자존심을 짓밟아도 괜찮았던 경험이 언어 폭력으로, 신체 폭력으로 바뀌었을 것이다.

그들 앞에서 우리는 무엇을 했나? 그러면 안 된다고, 당신이 나에게 그런 말과 행동을 할 권리는 없다고 말하지 못했다. 그들이 서연고를 나왔기 때문에, 그들이 돈을 가지고 있기 때문에, 그들이 권력을 쥐고 있기 때문에 그저 우리는 당하는 것이 편했는지 모른다. 귀찮으니까. 괜히 일을 키우고 싶지 않으니까. 그저 눈 한번 감고 지나가면 되니까. 혹시 그들 마음대로 함부로 해도 되는 세상은 우리가 만든 것이 아닐까? 우리가 그런 괴물들을 만든 것은 아닐까?

그래도 그들 앞에서 작아지는 우리들

책의 앞부분으로 돌아가자. 소단원의 제목이 김수희의 노래 가사인 '그대 앞에만 서면 나는 왜 작아지는가?'였다. 서연고 앞에서 부끄러움과 부러움을 느끼며 작아지는 우리들에 대한 글이었다. 나는 우리가 느끼는 이 부끄러움과 부러움이 전혀 근거가 없음을 보여주고 싶었다. 그래서 그들이 잘하는 공부가 얼마나 멍청한 짓인지를 구체적으로 설명했고, 그들의 온갖 횡포를 통해서 그들의 저급한 인식에 대해 말해왔다. 단지 서연고라는 이유만으로 우리가 그들을 존중할 이유는 아무것도 없다고 다양한 방법으로 증명하고자 하였다. 존중받기 위해서는 존중받을 만한 행동을 해야 한다.

하지만 현실의 우리들은 그들 앞에서 작아진다. 공
부를 잘하는 사람이 의사가 되고, 검사가 되고, 국회의
원이 되고, 회사의 임원이 되는 사회를 통해 우리는 그
들의 힘을 현실에서 직접 느낀다. 느낀다는 것은 생각하
는 것 이상의 힘을 가지고 있다. 아무리 합리적인 생각으
로 그들 앞에서 작아질 필요가 없다고 다짐을 해도, 위축
되고 작아지고 부끄러워지는 감정까지 쉽게 사라지지는
않는다. 거기다가 부러운 마음까지 생기니, 그들을 비판
하는 나 같은 사람은 쓸데없이 질투나 하는 못난 사람으
로 여겨지기가 쉽다. 하지만 그런 감정을 당연하게 여겨서
는 안 된다. 느낌과 감정이 모두 내 마음에서 자연발생적
으로 생기는 것은 아니기 때문이다. 만약 대학 졸업장으
로 사람을 비교하는 것 자체가 우스운 일로 여겨지는 유
럽의 어느 나라에서 태어났다면, 나는 과연 서연고 앞에
서 작아졌을까? 그 나라의 최고 명문대 졸업생에게 "나
는 대학에 가지 않았어"라고 말하는 일이 부끄러운 일이
었을까?

내가 느끼는 감정도 누군가에 의해서 만들어질 수
있다. 극단적으로 이야기해서 누군가가 나를 조정하기 위
해서 특정한 감정을 내 마음속에 심어놓았다면 어떨까?
영화 <트루먼 쇼>에서는 트루먼이 섬으로 된 스튜디오를
벗어나지 못하도록 트루먼에게 물에 대한 공포를 심어놓
는다. 물에서 가짜 아버지를 죽게 만듦으로써 말이다. 그

후로도 모험과 여행에 대한 공포는 학교에서, 또 TV에서 지속적으로 주입된다. 트루먼은 물이 무섭다. 생각이 아니라 온몸으로 그렇게 느낀다. 하지만 그 물에 대한 두려움은 인위적으로 만들어졌다. 지속적인 반복을 통해서 사회 구성원들에게 새겨 넣으려는 감정이 있을 수 있는 것이다. 영화를 보면 마치 내가 트루먼은 아닐까 싶다. 내가 의심 없이 받아들이고 있는 내 느낌과 감정은 과연 진짜 내 것일까?

열등감과 우월감은 작용과 반작용이다

그들은 우리들이 느끼는 부끄러움과 부러움을 거름 삼아 조금씩 우리를 함부로 대해도 되는 사람으로 여기게 되는지도 모른다. 존중받을 만한 행동을 하지도 않았는데, 사람들에게 대접을 받고 존중을 받는다면 자신이 정말 잘난 것으로 착각을 하면서 살게 되지는 않을까? 그들이 잘하는 멍청이 같은 공부가 대단한 일인 것처럼 생각하면서 거들먹거리지는 않을까? 나쁜 일을 저지르고도 저항하는 사람이 없으면 함부로 사람을 대해도 괜찮다고 생각하지는 않을까? 그들은 죄책감도, 두려움도 없이 자신이 하고 싶은 일은 다 할 수 있는 것처럼 착각하면서 살고 있을지도 모른다. 존중받을 만한 행동을 하면 존중하고, 나쁜 일을 저지르면 분노를 표현해야 한다. 그렇지 않

경향신문 2011.3.18, 〈김용민의 그림마당〉

으면, 그들은 서로의 악행을 서로 덮어주며 자신들이 계
속 나쁜 짓을 해도 되는 줄 알게 될 것이다. 어쩌면 그들
의 선민의식은 우리가 만들어준 것인지도 모른다.

　　우월감은 다른 누군가가 자신에게 열등감을 느끼고
있어야 만들어질 수 있는 감정이다. 우월감은 자신 앞에
서 열등감을 느끼는 사람을 필요로 한다. 자신에게 열등
감을 느끼지 않는 사람 앞에서 우월감은 가질 수가 없다.
우월감은 상대적인 감정이기 때문이다. 자부심과 자긍심
같은 상대적이지 않은 감정은 무인도에서도 느낄 수 있지

만, 우월감은 무인도에서 느낄 수가 없다. 스님 앞에서, 신부님 앞에서 우월감을 느끼기는 어렵다. 상대방이 가진 학벌과 돈과 지위가 아닌 그저 사람으로 존중해주는 사람 앞에서 우월감은 생길 수가 없다. 자신이 만든 음식에 대한 자부심을 가지고 모든 손님을 동등하게 존중해주는 조그만 식당 아주머니 앞에서 우월감 따위의 감정은 만들어질 수 없다. 혹시라도 그런 상황에서도 우월감을 느끼면서 거들먹거리는 사람이 있다면 아주 천박한 사람일 것이다.

작용과 반작용은 물리법칙이다. 어떤 힘이 작용하였다고 하면 반드시 작용하는 힘과 반작용하는 힘이 있어야 한다. 손으로 책상을 친다면, 책상에 힘을 주는 손과 손에 힘을 주는 책상이 존재해야 힘이 작용할 수 있다는 것이다. 내가 벽을 밀어야 벽이 나를 미는 힘이 작용하기 시작한다. 작용과 반작용은 우월감과 열등감에 그대로 적용할 수 있다. 열등감을 느끼는 사람이 없다면 우월감을 느끼는 사람이 있을 수가 없다. 돈과 권력 앞에서 열등감을 전혀 느끼지 않는 사람 앞에서 돈과 권력으로 우월감을 느낄 수는 없다. 돈과 권력도 그러한데, 그깟 학벌 따위가 학벌 앞에 당당한 사람 앞에서 무슨 힘을 쓸 수 있겠는가?

그들이 가진 학벌의 우월감은 실체가 없다. 서연고

를 졸업한 것은 대수로운 일이 아니다. 근본적인 의문도 가지지 못하면서 기껏 남들이 만들어놓은 죽은 지식이나 잘 외우는 것이 무슨 대단한 능력이란 말인가? 더군다나 사람에 대한 예의도 없는 더럽고 한심한 인간이라면 서연고를 졸업했다는 것을 부끄러워해야 할 판에, 그런 학교를 졸업했다는 이유로 우월감을 느낀다는 것은 말이 안 된다. 그들이 우월감을 느낄 수 있는 이유는 단 하나, 우리가 그들에게 열등감을 느끼기 때문이다. 그러니 우리들의 열등감이 사라진다면, 그들의 손은 존재하지 않는 책상을 내려치는 것처럼 허공에서 허위적거릴 것이다.

그들의 우월감은 우리가 만들어준 것이다. 서연고 졸업장을 상대방에 대한 공감과 배려가 없어도 괜찮다는 면죄부가 되도록 만든 것은 우리들이다. 서연고 졸업장을 쥐면 인간에 대한 예의 따위는 버려도 괜찮은 사회가 그들을 괴물로 만든 것이다.

진상 서연고 대처법

비정상인과 시민

그들은 그 누구보다 대학 배치표처럼 점수대별로 사람을 나누어 평가하는 것에 익숙하다. 재벌들의 모임에는 정해진 자리가 있다고 한다. 자산 순위에 따라 정해진 자리에 앉는 것을 당연하게 여긴다는 것이다. 문재인 대통령은 2017년에 15개 대기업을 청와대로 초청해 간담회를 가졌다. 15개 대기업은 자산을 기준으로 한 재계 순위에 따라 결정되었다. 하지만 난데없이 100위권 밖의 오뚜기가 15위를 밀어내고 대기업 회장님들과 같이 초청을 받았다. 처음 뉴스를 접했을 때는 그저 비정규직 비율도 적고, 상속세도 제대로 내고, 사회적 활동에 비교적 충실한 오뚜기에 대한 배려라고만 생각했다. 하지만 그들, 대기업 오너들 입장에서는 매우 당혹스러운 조치였을 것임이 분명했다. 대통령은 우수 기업에 대한 배려보다도 재벌 총수들에게 효과적으로 메시지를 전달하기 위해 그들에게 익숙한 서열 문화를 파괴하였던 것이 아닐까 싶다.

대기업 재벌 총수들만이 아니다. 기수문화를 떠받

드는 검찰조직은 어떤가? 국회의원들도 초선, 재선, 3선, 4선의 선이 분명하게 존재한다. 서연고 학생들도 학과에 따라, 합격한 전형 유형에 따라 위·아래를 정한다. 자신보다 높은지 낮은지를 먼저 파악하고 상대방을 대하는 태도를 순간적으로 결정하는 것이 그들이다. 그렇게 세밀하게 자신들의 힘의 우위를 항상 비교하는 그들에게 힘이 없는 사람들은 그저 하나의 덩어리다. 상위 4% 안에서도 자신의 위치에 따라 고압적으로, 때로는 굴욕적으로 자신의 태도를 정하는 그들이 나머지 하위 96%에 대해서는 어떤 태도를 가질까?

그들에게 96% 사람들은 '국민'이자 '일반인'이다. 물론 그들이 이야기하는 국민과 일반인에 자신은 포함되지 않는다. 만약 그들에게 당신도 "일반 국민이냐?"라는 질문을 한다면 아니라고 하거나, 머뭇거리며 대답하는 이들도 많을 것이다. 그들은 일반 국민이 아닌 것이다. 아마도 그들의 머릿속에는 자신들의 세계에 들어올 수 없는 존재로 '일반 국민'이라는 영역이 따로 존재할 것이다. 그들에게 '일반 국민'은 그저 가르치고, 통제하고, 또 시혜를 베풀어야 할, 그리고 안 보이는 곳에서는 함부로 대해도 괜찮은 존재들일 뿐이다.

그들이 일반 국민과 가족이 될 때가 있다. 그들의 갑질이 언론에 보도되어서 어쩔 수 없이 사과를 할 때, 그들은 어김없이 가족 같아서 그랬다고 한다. 골프장 캐디를 성추행하고 나서는 손녀 같고 딸 같아서, 공관병에게 온갖 나쁜 짓을 저지르고는 아들 같아서, 조리사가 아무것도 아니라고 하고 나서는 엄마 같아서, 운전사에게 온갖 욕설을 하고 나서는 동생 같아서라고 한다. 그들이 가족에게까지 얼마나 함부로 하는지를 알 수 있다.

일반인은 특별한 지위나 신분을 갖지 아니하는 보통의 사람이라는 뜻이니 분명 그들은 일반인이 아니다. 그렇다고 일반인의 반대말인 특정인도 아니다. 그들은 일반인의 다른 반대말인 특권층에 해당한다. 그들 스스로 특권층이라고 여기는지 모르지만, 나는 그들을 특권층으로 대접하고 싶지는 않다. 일반인과 비슷한 말인 '정상인'의

한겨레 2017.8.8, 〈한겨레그림판〉

반대말로 그들은 '비정상인'일 뿐이다. 그들과 우리를 구분한다면 우리가 정상이니, 그들이 비정상인 셈이다.

나는 내가 너무 내세울게 없는 그냥 평범한 일반인이어서인지 일반인이라는 말이 싫다. '일반인 출입금지' 표지판 앞에서는 화가 난다. 그냥 '관계자 외 출입금지'로 바꾸면 되지 않을까? 연예인들이 가끔 이야기하는 일반인이란 말도 듣기 싫다. 상황에 따라 그저 관람객, 방청객, 행인, 소비자, 시청자일 수는 있지만 그놈의 일반인이 되고 싶지는 않다. 나는 오히려 일반인보다 경제적으로 중류 이하의 넉넉지 못한 생활을 한다는 뜻을 가진 '서민'이 더 좋다. 정 '일반'이라는 말을 쓰고자 한다면 '일반 시민' 정도면 족하지 않을까? 나는 '민주 시민'이자 '세계 시민'이기 때문이다.

그들이 보기에는 그냥 자기보다 못하고 능력이 없어 밑에 있는 일반인으로 보일지는 몰라도, 나는 그들이 구분하는 96%에 들어가기 싫다. 나는 그들이 보내는 따뜻한 시혜 따위는 바라지도 않는다. 나는 그들의 가르침이 역겹다. 나는 그들의 통제를 거부한다. 나는 그냥 그들과 동등한 그저 한 명의 시민일 뿐이다. 그들이 함부로 대할 수 없는 평범한 시민이면 족하다. 영화 <베테랑>의 마동석 씨처럼 "나 여기 아트박스 사장인데…"라고 말 할 수 있으면 족하다. 사장이 아니라 알바면 어떠랴? "나 여기

아트박스 알바인데….'

지식에 덧씌워진 망상

　내가 가장 즐겨 듣는 라디오 프로그램은 <배칠수·전영미의 9595쇼>다. 9595쇼에서 전영미 씨는 배칠수 씨의 놀림을 받곤 한다. 발음에 대한 부분도 있지만, 영어나 어려운 단어를 잘 모르는 경우에는 어김없이 놀리곤 한다. 가끔씩은 대본에 적혀 있는 설정인지, 아니면 진짜인지 모르겠는 경우도 많다. '100ml'를 '백 밀리리터'라고 읽지 않고 '백 엠엘'로 읽는다든가 하는 것이다. 그런 실수가 있을 때마다 배칠수 씨는 놓치지 않고 '깐족'댄다. 살짝 부끄러워하는 듯하면서도 전영미 씨는 주눅 들지 않는다. 나는 그녀에게 자신의 재능과 노력이 사람들에게 즐거움을 주고 있다는 당당함을 느낄 수 있다.

　<무한도전>에서는 '바보 전쟁—순수의 시대'라는 편이 방송되기도 했다. 장미(rose)를 lose로 썼던 간미연, 2+2×2를 6이 아닌 8로 답했던 채연, 이파리를 잎팔로 쓴 은지원, 동서남북(east, west, south, north)의 동을 Dong이라고 적은 솔비와 이 외에도 다양한 순수함을 보여주었던 박나래, 홍진경, 광희, 하하, 김종민이 바보 어벤져스로 활약했다. 지식이 부족해서 사람들에게 놀림을 받

았던 이들이 대거 모인 것이다. 하지만 카메라는 결코 이
들을 우습게 담아내지 않는다. 진지해서 더 웃기지만, 그
들이 우습게 보이지는 않았다. 우리 모두가 그저 잘하는
것 하나씩은 가지고 있음을 덤덤히 보여준다. 아래는 웃
을 수가 없는 그들의 바보 선언문이다.

> 하나, 나는 부족한 지식을 부끄러워하지 않겠습니다.
> 하나, 나는 모르면서도 일부러 아는 척하지 않겠습니다.
> 하나, 나는 모르는 것이 있으면 솔직하게 물어보고, 최선
> 을 다해 배우겠습니다.
> 하나, 나는 나보다 부족한 사람을 무시하거나 비웃지 않
> 겠습니다.

아인슈타인 선언문이라고 해도 부족하지 않을 훌
륭한 선언문이다. 지식에 대한 태도는 더할 것도 뺄 것도
없이, 바보 선언문만으로 완벽하다. 하지만 우리는 부족
한 지식을 부끄러워하고, 모르면서도 적당히 아는 척하
고, 모르는 것이 있어도 물어보지 않고, 자신보다 부족한
사람을 무시하면서 비웃는다. 서연고 졸업생이 '갑질하는
그들'로 생존하고, '괴물'로 번식하기 좋은 환경인 것이다.
만약 우리가 '바보 선언문'을 실천한다면 그들이 생존하고
번식할 수 있는 환경은 깨끗하게 사라질 것이다.

엄마가 영어를 몰라

일본 여행을 가기로 했다. 아들은 엄마에게 전화를 걸어 여권에 쓰인 영문명 이름을 불러달라고 한다. 하지만 엄마는 여권을 꺼내 보더니 "부엌에 국 올려놨다"며 말을 돌리고는 전화를 끊었다. 이후 다시 아들에게 전화가 왔고, 엄마는 재촉하는 아들에게 "정환아, 엄마가 영어를 몰라. 엄마가 영어를 읽을 줄 몰라. 아들 미안"이라고 고백한다. 2015년에 방송했던 <응답하라 1988>의 한 장면이다.

식당에서 종업원을 함부로 대하는 엄마는 부끄럽지만, 영어를 모르는 엄마가 부끄럽지는 않다. 노량진에서 재수를 할 때, 32살에 뒤늦게 공부를 다시 시작하던 누나가 있었다. 그 누나는 자신을 부끄러워했지만, 항상 앞자리에 앉아 열심히 공부하던 누나의 모습은 누가 봐도 멋지고 아름다워 보일 뿐이었다. 누나가 가진 배움에 대한 태도와 자세는 쉽게 가질 수 있는 게 아니기 때문이다.

지식을 가진 것으로만 평가하는 사회는 곧 웅덩이에 고인 물처럼 썩어서 악취를 풍기게 될 것이 분명하다. 가지고 있는 지식을 나타내는 졸업증과 자격증은 사회를 발전시킬 수 없다. 지식은 가진 것으로 평가할 것이 아니라, 지식에 대한 자세와 태도로 평가해야 한다. 사실 자세와 태도로 평가할 수 있는 것은 지식이 아니라 배움이다.

지식이 점수와 결과라면, 배움은 성장이고 과정이다. 지식은 생물학 책에서만 얻을 수 있지만, 배움은 생물학 책만이 아니라 나무에게, 풀에게, 강아지에게도 얻을 수 있다. 배움은 글자에만 머무르지 않는다. 수많은 영역에서 배움은 사람을 성장시킨다. 아이에게 배울 수 있는 것, 자연에게 배울 수 있는 것을 지식은 결코 가질 수가 없다.

우리는 배움에 대한 자세와 태도가 아니라, 쓸데없는 지식으로 사람을 평가하는 것에 익숙하다. <배칠수·전영미의 9595쇼>의 전영미 씨가, <바보전쟁>에 출연한 바보 어벤져스의 '바보 선언문'이 멋진 것은 배움에 대한 자세와 태도 때문이다. 배움에 대한 자세와 태도를 가진 사람은 남들과 비교할 필요가 없는 자존감을 가진 사람들이다. 반면에 지식을 내세우는 사람은 다른 사람에게 자존심을 지키고 싶어 한다.

부러움과 부끄러움을 버리자

어느 날 처갓집에 가니 못 보던 기타가 있었다. 처남이 기타를 치려는 모양인가 보다 했다. 아니었다. 환갑을 넘기신 장모님이 새로 기타를 배운다고 하셨다. 그것도 독학으로. 멋지다고 말씀은 드렸으나 얼마나 치시겠나 하는 마음이 컸다. 그런데 지금 장모님은 30곡이 넘는 노래

를 혼자서 기타를 치며 부르신다. 무엇을 새롭게 배우지
못하며 핑계만 대는 내가 부끄러웠다.

우리가 누군가를 인정하고 존중한다면, 그것은 그
사람이 가진 과거의 경력이나 학벌이 아니라, 그 사람의
현재 삶의 태도와 자세 때문이다. "나 서울대 나왔어!"가
아니라 "나 ○○을 하기 위해서 열심히 노력하고 있어"
가 중요하다. 우리가 부러움을 느껴야 할 대상은 지식을
자랑질하는 서연고 출신이 아니라, 배움의 자세와 태도를
갖춘 사람들이다. 우리가 부끄러움을 느껴야 할 사람은
과거를 내세우는 그들 앞이 아니라, 미래를 약속하고 전
진하는 사람들이다.

그들을 부러워할 필요도 없고, 그들 앞에서 부끄러
워 할 필요도 없다. 우리가 서연고 출신들을 부러워하지
않는다면, 오히려 그들의 우월감이 부끄러움으로 바뀔 것
이다. 부러워하는 사람이 전혀 없는데 혼자서 자랑질을
하면 미친 사람이다. 몇 번 자랑질하다가 오히려 자랑질
하는 본인이 부끄러워질 것이다. 부러워하지 않으면 내세
울 수가 없게 되고, 내세울 게 없으면 상대방에게 함부로
할 수도 없지 않겠나? 쓸데없이 복잡하게 쓴 듯하다. 그
냥 그들을 부러워하지 않고, 그들 앞에서 부끄러워하지
않으면 그들도 달라질 것이라고 믿는다. 이것이 진짜 '학
벌 없는 사회'를 만드는 가장 쉽고 빠른 방법이 아닐까?

서연고 대처법

앞에 내가 쓴 글을 다시 한 번 인용해보면,

"우리들은 생활 곳곳에서 학벌로 인한 스트레스를 받고 있다. 잘못된 학벌 중심의 사회에 대해서는 한목소리로 비판하고 있는 우리들도 일상의 사회에서는 대학에 의한 차별을 당연하게 받아들인다. 옆집 아들이 서울대에 갔다고 자랑스럽게 이야기할 때 자식 잘 키웠다고, 성공했다고 이야기해주는 것이 자연스러운 세상이다. 내 아들이 남서울대에 합격한 사실은 숨기고 싶어진다. 하지만 옆집 아들이 서울대에 합격했다고 이야기할 때, 내 아들도 남서울대에 합격했다고 아무렇지 않게 이야기할 수 있는 세상이 더 정상적인 세상이 되기를 바라는 마음 굴뚝같다."

부끄러움 없이 부러움 없이 그들을 대하자. 그러면 그들도 느낄 것이다. 단지 서연고 졸업장만으로 사람들이 자신을 대하는 태도가 달라지지 않는다는 것을 알게 될 것이고, 자신이 존중받고 대접받기 위해서는 다른 사람을 존중하고 대접해야 한다는 것을 깨닫게 될 것이다. 평범한 서연고 출신들은 그저 부끄러움과 부러움 없이 대하면 된다. 하지만 꼴값 떠는 서연고는 다르다.

이번 장 제목이 '진상 서연고 대처법'이다. 우리가 일상에서 쓰는 진상은 지나치게 까탈스럽게 구는 사람이나 꼴불견이라 할 수 있는 행위를 하는 사람을 이른다. 원래 '진상'이라는 말은 임금이나 고관 따위에게 바치는 진귀한 물품을 나타내는 말이다. 하지만 진상이 지닌 폐단이 심각해서 많은 백성들을 고통스럽게 했다. 그래서 진상은 허름하고 나쁜 것을 속되게 이르는 말로도 사용되었다. 본래 좋은 물건을 나타내는 말이 나쁜 것을 속되게 이르는 말로 바뀌었으니, '진상'이야말로 서연고에 딱 어울리는 말인 셈이다. 그럼 진상 서연고 대처법을 알아보자.

- 미팅에서 만난 상대방이 서연고 학생증을 내민다면 내세울 게 그것밖에 없는 인간이니, 가볍게 비웃어주고 다시는 만나지 말자. 정말 쪽팔리게 그게 무슨 짓인가.

- 초면에 대뜸 출신학교를 들먹이는 서연고 출신을 만난다면, 당신이 나온 좋은 학교만큼만 당신의 품격이 좋았으면 했는데 아쉽고 안타깝다고 말해주자.

- 엄마가 누구 아들은 서연고 나와서 좋은 직장에 다니고 있는데 너는 뭐하냐고 잔소리를 하시면, "나도 그 아들이 부럽네. 하지만 엄마는 그 아줌마 부러워하면 안 돼. 잘난 아들 모시고 불편하게 눈

치보고 살면서 어쩌다 주위 사람한테 잘난 아들 자랑하는 것보다, 못난 아들하고 마음 편하게 티격태격하면서 사는 게 더 나을 테니까 말이야"라고 말씀드리자.

• 직장에서도 서연고를 내세우는 인간이 있다면, 제발 그 위대한 능력으로 맡은 일에 충실해달라고 부탁을 하자. 넘치는 능력으로 부족한 사람도 좀 도와주시면 더 멋지실 것 같다고.

• 친척 중에 서연고 들어간 것을 자랑 삼는 인간이 있다면, 축하를 받으려면 상대방 생각도 좀 하시라고 말씀드리자.

• 국회의원이라면 국회 본회의 출석은 제대로 하는지, 발의한 법률은 어떤 게 있는지 좀 묻자.

• 갑질하는 돈 많은 회장님에게는 인간에 대한 예의는 주식으로 다 팔아먹었냐고, 마누라도 자식도 돈 때문에 당신 곁에 붙어 있는 줄은 알고 있냐고 한마디 해주자. 어쩌면 하루 빨리 당신이 죽기만 기다리는 사람들만 당신 주위에 있을지 모른다는 말씀도 꼭 드리자. 혹시 약간이라도 반성의 기미가 보이면 외롭지는 않냐고 따뜻하게 물어나 주자.

• 굳이 직접 얼굴 쳐다보며 말하기 싫은 서연고 출신
  이 있다면, 이 책을 익명으로 택배로 보내자. 이런
  메모와 함께 말이다.

당신이 정말
부끄럽습니다!

6

부끄러운

서연고프

부끄러움을 모르는 그들

'존나 포도 따듯이 툭툭 따 먹으삼', '먹버', '봉쓰먹'

2016년 6월 '고려대학교 카카오톡 대화방 언어성폭력 사건 피해자 대책위원회(대책위)'는 13일 페이스북에 '동기·선배·새내기를 대상으로 한 광범위한 카카오톡방 언어성폭력 사건을 고발합니다'라는 제목의 글을 게시했다. 대책위가 공개한 대화 내용을 보면, "아 진짜 새내기는 따먹어야 하는데" "형이면 한달이면 ㄱㄱ" "이쁜 애 있으면 샷으로 존나 먹이고 쿵떡쿵" "ㄱ(피해자 이름)는? 다 맛볼라 하네" "ㄱ은 먹혔잖아" "술집가서 존나 먹이고 자취방 데려와" "ㄴ(가해자 이름)야, 새내기 따먹?" "ㄷ여대 축제 가자. 다 따먹자" 등 대상을 특정한 성희롱과 성폭행을 암시하는 내용이 주를 이룬다. 이 밖에 "지하철에서 도촬 성공함" 등 몰카 사진을 공유한 내용도 있다. 대책위 관계자는 경향신문과의 메신저 대화에서 "몰카, 리벤지 포르노가 각각 한차례씩 언급됐고, 카톡방 내용의 대부분이 성희롱 및 성폭력에 관련됐다"고 설명했다. 대책위가 추산한 (직접적인) 피해자는 약 30명이다.[1]

고려대 사건이 알려지고 한 달 뒤 서울대에서도 같은 사건이 발생했다. 2016년 7월 서울대에는 '서울대 인문대학 카톡방 성폭력 고발'이라는 제목의 대자보가 붙었다. 대자보 내용은 서울대 남학생 8명이 단체 카톡방을 통해 동기 여학생 7명 등을 성희롱하는 메시지를 6개월간 주고받았다는 것이다. 아래는 피해 학생과 경향신문의 인터뷰 내용이다. 여성에 대한 이들의 삐뚤어진 인식을 고스란히 전달하기 위해 인터뷰 내용을 그대로 담는다. 충격적인 내용이니 심호흡이라도 한 번 하고 읽기 바란다.

―남학생들의 단톡방 내용은 어떻게 알게 됐나.

"작년 한 술자리에서 술에 취한 동기 남학생 한 명이 동기 여학생 한 명에게 실수로 남자 동기들의 단체 카톡방을 보여줬다. 내부 고발 식으로 죄책감을 느끼면서 보여준 것이 아니라 실실 비웃으면서 '너희가 보면 어떻게 할 건데' 식으로 '(카톡방) 봐봐라'고 말했다. 우연히 내용을 접하게 된 동기 여학생은 자신뿐만 아니라 다른 동기 여학생들에 대한 유사 성희롱 문구가 있음을 확인하고 그 내용을 따로 저장해 보관했다."

―이 문제를 공론화하기로 결심한 이유는 무엇인가.

"지난 6월에 있었던 고려대 단체 카톡방 언어성폭력 사

---

1   경향신문 2016.06.14 「신종 집단 성희롱」… 고려대 '카톡방 언어성폭력' 파문」

건에 대한 동기 남학생들의 대화 내용을 우연히 듣게 됐
다. 그들은 남자들 카톡방이 다 비슷하다면서 오히려 피
해자들을 예민한 사람으로 몰아가며 질책했다. 문제의
식을 느끼고 단체 카톡방 내용 전문을 다시 찾아 읽어보
니 동기 여학생들과 불특정 다수 여성들에 대한 성희롱
수위가 생각보다 심각함을 알게 됐다. 심지어 자신들의
발언이 잘못된 것임을 알면서 반성하지 않고 계속해서
웃음거리로 삼고 있었다. 분노했다. 다시는 이런 일이 없
었으면 하는 생각으로 이번 사건을 공론화하게 됐다."

―단체 카톡방에서 언급된 내용들이 구체적으로 무엇
인가.
"동기 여학생과 관련 없는 일상적인 내용을 동기 여학
생들과 연결시켜 성희롱하는 내용이 많았다. 예를 들어
'뭐 먹을 사람 없냐 학교에'란 얘기에 '동기ㄱ(피해자 이
름) 먹어'라고 대답했다. 특히 (여성을) '먹는다'는 표현
이 많이 나왔다. '콩 한쪽(여성 비유)도 나눠먹어야지' '존
나 포도 따듯이 툭툭 따 먹으삼' '먹버(여성을 먹고 버린
다)' '봉씌먹(봉지 씌우고 먹는다)' 등의 표현이 대표적이
다. 또한 몰래 동기 여학생의 앞모습 사진을 찍고 카톡방
에 공유하며 '박고 싶어서' '동기ㄴ 박으려는 줄'이란 대화
도 나눴다. 전반적으로 발언의 목적어가 동기로 치환되
는 경향이 있다. 동기 누구누구를 먹고, 누구누구를 박
는 대상으로 삼는 것이다. 그들의 발언에서 여성들은 박

히는 존재, 먹히는 존재, 따먹히는 존재로 성적 대상화됐
다. 동기 여학생들을 자신들이 마음대로 해도 되는 객체
로 취급한 것이다. 자신들 마음에 들지 않는 여성을 대상
으로는 '걔를 왜 먹어' '저년 좀 치워라' 하는 등 극단적인
성적 대상화 발언도 있었다. 아예 여성들을 성적 자기결
정권이 없고 내가 하고 싶으면 하고 보기 싫으면 치우는
그런 존재로 취급한 것이다."

"기본적으로 동기 여학생들의 외모와 몸매, 신체 특정
부위를 희화화했다. '동기ㄷ 얼굴로 절구 찧을 수 있다'
'동기ㄹ년 뽕 좀 그만 넣으라 해라' '너무 티남…미사일
(가슴 비유)' 등 얼굴과 가슴에 대한 발언이 많았다. 어느
날 동기 여학생 한 명이 근육질 남성의 사진을 카카오톡
프로필 사진으로 해놓은 적이 있었다. 그 사진을 보고 가
해자들은 '이 프사(남성의 근육질 가슴) 웬만한 여자보
다 클 듯' '지(사진 올린 동기 여학생)보다 (가슴) 큰 놈으
로 해놨어'라며 웃었다. 성적 수치심을 유발하는 내용이
었다."

—다른 내용들은 없었나.
"여성을 혐오하는 발언도 나왔다. 동기 여학생 한 명이
모임에 늦는다는 이유로 '으휴 동기ㅁ 묶어놓고 패야함'
이라 말했다. 이 말을 한 가해자는 평소 오프라인에서
도 이런 얘기를 많이 했다. 말 안 들으면 패야 하는데 식

의 말을 했다. 또한 카톡 내용 일부에는 불특정 여성을 대상으로 'ㄹㅇ 인성 김치'라며 한국 여성을 비하하는 용어 중 하나인 '김치'를 언급하기도 했다. 동기 여학생들뿐 아니라 불특정 다수 여성을 성적 대상화한 내용도 만연해 있다. 가해자들의 발언 내용에는 미팅한 체대생, 소개팅한 여성, 여자 과외학생에 대한 언급이 나온다. 미팅을 한 체대생에 대해 '체대 개지림 진짜 몸매가 일단 애기 6(명)은 낳음'이라 하고, 소개팅한 여성을 대상으로는 '보자마자 명기 뻴 해봐' '정중하게 팬티를 보여 달라고 요청해 봐'라는 메시지를 주고받았다. 여자 과외학생을 성적으로 조롱하는 내용도 보인다. '(과외 요청 들어온) 초등학교 5학년은 로린이(로리타와 어린이의 합성어)⋯고딩이면 좋은데'라고 했다. '과외학생 (외모) 인증 좀 부탁 ㅇ ㅇ' '여자인디 졸못'이라 하고, 과외학생과 시간이 안 맞는 등의 이유로 '과외가 파토나면 패버릴까' '찾아가서 구타'라는 말도 했다. 가해자들이 불특정 다수에 대한 왜곡된 성 의식을 갖고 있는 것을 알 수 있는 내용이다."

—가해자들은 자신들의 발언이 부적절하다고 인식하고 있었다고 보나.

"그렇다. 자신들의 발언이 잘못됐으며, 만약 외부로 유출돼 공개되면 뉴스에도 나올 수 있는 내용임을 인식하고 있었다. '야 진짜 이거(발언 내용) 풀면 나 엿될 듯' '엠창 남톡 털리면 우리 뉴스에 나올 듯 간수 잘하자 ㅋㅋㅋ'

'야 진짜 앞으로 남톡 우리끼리만 좀, 개방하면 사살' 등
의 대화를 나누며 자신들의 잘못된 발언이 유출되는 것
을 극도로 경계했다. 이런 발언들이 나온 이후로도 가해
자들의 언어성폭력은 계속됐다. 잘못을 인식하고 있지
만, 잘못됐다는 사실조차 즐기고 있다는 느낌이었다. 여
성에 대한 성적 대상화도 당당하게 하는 멋진 남성으로
스스로를 인식하고 있는 듯하다."

―단체 카톡방 내용을 접했을 때 어떤 생각이 들었는가.
"처음에 읽었을 때는 동기 남학생들에 대한 실망감이 가
장 컸다. 겉으로 봤을 땐 이렇게 말할 거라 상상도 못 할
만큼 저급한 말들이었기 때문이다. '여자라는 존재 자체
가 잘못인가'라는 생각까지 들었다. 초반에는 '내가 동기
남학생들에게 무슨 잘못을 했을까'라는 의문이 들었다.
그래서 동기 남학생들에게 먼저 잘해주려 했고, 그러면
그들도 미안함을 느껴 사과하지 않을까 생각했다. 친해
지면 친해질수록 단체 카톡방 내에서 성희롱 발언 수가
늘어나고 그 수위도 높아졌다. 같은 학교에 들어와 함께
공부하는 존재인데 다른 성별을 갖고 있다는 이유로 희
롱의 대상이 되었다. 여자인 게 큰 죄인가. 여자라는 존
재 자체로 멸시받고 혐오의 대상이 된다는 사실이 충격
이었다."

―남자 동기들에 실망감을 넘어선 감정을 느꼈을 것

같다.

"평상시의 외모, 옷차림, 언행 하나하나가 성적 조롱의 대상이 됐다는 사실이 너무 무섭다. 이 사건을 계기로 지금까지 동기 남학생들이 동기 여학생들에게 했던 언행 하나하나를 다시 생각해봤다. 한때 동기 남학생이 동기 여학생을 좋아했던 적이 있다. 그때 그 호감 표현이 순수한 감정이 아니었을 거란 의심이 든다. 연애감정이라기보다는 '쟤를 어떻게 한번 해보고 싶다'는 생각이었을 것 같아 무섭다. 한편 동기 남학생들은 소속 반 전체의 단합을 외치면서 동기 여학생들도 함께 어울리는 것이 중요하다고 거듭 강조하곤 했다. 이번 사건을 통해 그들이 말한 단합의 실체가 무엇인지 알게 됐다. 겉으로만 단합을 외치며 속으로는 동기 여학생들을 성적 대상화해 조롱하고 있던 것이다. 소름끼쳤다."

—이 사건에서 강조하고 싶은 부분은 무엇인가.

"주목해야 할 점은 무차별적인 언어성폭력 대화가 인문대 학생들로부터 나왔다는 점이다. 지성인으로서 사회적 책임의식을 가져야 할 서울대생이 이래서는 안 된다. 무엇보다도 가해자들은 인간의 본질을 공부하는 인문학도이다. 인문학에서는 인간에 대한 물상화, 희화화, 조롱화를 가장 금지한다. 인간 존재 자체를 논하는 인문학도들로부터 인간을 조롱하고 대상화하는 발언이 나와 충격적이다. 이 사건을 남녀 대립구도로 바라보는 것을 특히

경계한다. 이번 단톡방 언어성폭력 사건을 처리하고 공
론화하는 과정에서 많은 남성들이 공감해 도와주고 있
다. 인문대 학생회장과 학소위 관계자 분들은 남자임에
도 많이 도와주고 있다. 단순히 남성이라는 이유 하나만
으로 다른 일반적인 남성들이 가해자와 같은 취급 받아
매도당하는 걸 원치 않는다."

―지난 6월 고려대에서도 이와 유사한 사건이 있었다.
"고려대 사건에서는 단체 카톡방에 있던 남성이 내부고
발자가 되어 언어성폭력 내용을 폭로했다. 진짜 용기 있
는 행동이라 생각한다. 내부고발자가 있었다는 게 너무
부럽다. 자정작용이 있었다는 말이다. 우리는 그것조차
없었다. 가해자들의 실수로 언어성폭력 내용이 우연히
누출된 것이다. 고려대 사건을 비난하는 가해자들의 모
습을 보며 가해자들이 반성의 여지, 갱생의 여지가 없다
는 생각을 했다. 어쨌든 고려대 사건이 터지면서 이 문제
가 수면 위로 떠올릴 수 있었다. '이게 문제가 될 수 있고
고쳐야 되겠구나'라는 인식을 갖게 된 것은 정말 의미 있
는 시발점이었다. 고려대 사건이 없었다면 이렇게 공론화
할 수 없었을 것이다. 고려대 사건 공론화를 보면서 용기
를 얻었다. 고려대 사건과 이번 사건을 계기로 내부의 언
어성폭력 문제를 고발하는 움직임이 더 많아졌으면 좋겠
다. 가해자들이 나서서 '미안하다, 징계를 받겠다'라고 사
과하는 자정작용이 일어났으면 하는 바람이다.'"[1]

혹시 이들은 자기들끼리만 볼 수 있는 단톡방에서 한 이야기일 뿐이라고, 무슨 대단한 범죄를 저지른 것도 아니라면서 억울해하지는 않을까? 단지 단톡방에서 조금 지나친 성적 농담을 나눈 것뿐이라고, 그 어떤 여학생에게도 피해를 주지 않았다고 항변하면서 말이다. 만약에라도 그런 내색이라도 비춘다면 완전히 구제불능이다. 어찌 자신들이 나눈 이야기로 상처 받은 사람은 생각도 하지 못할까? 스스럼없이 지내던 사람이 자신을 그렇게 입에 담을 수도 없는 표현을 해대며 웃고 있었다는 것 자체가 소름 끼치는 일이다.

이들은 서연고만으로 지성인이라는 말을 들을 수 없다는 사실을 명확하게 증명한다. 인간에 대한 예의조차 없는 이런 사람들이 다니고 있는 서울대 인문대의 수준이 드러났다고 하면 지나친 말일까? 인문학을 들먹일 것도 없다. 이들에게 인문학적 소양 운운하는 것도 우습다. 인간도 안 된 것들에게 무슨 말이 더 필요할까? 혹시 모른다. 보통 사람들보다 성적 욕구가 너무나 커서 본인들이 스스로 억제할 수도, 주체할 수도 없을지도 모를 일이다. 만약 그렇다면 법률적으로 가능한지는 모르겠으나, 스스로 신청해서 화학적 거세라도 해보면 어떨까? 강력히 추천한다. 인간 취급도 받지 못하고 살 바에야 훨씬 깨끗하고 좋지 않은가 말이다. 그렇지 않고서는 어디서도 정상적인 삶을 살기 어려울 듯하다.

아마도 이들은 동기 여학생만을 욕망의 대상으로 삼지는 않을 것이다. 성적인 욕망만 아니라 자신의 다른 욕망을 위해서라면 그 누구도 그저 대상으로만 생각할 것이다. 자신의 욕망을 위해서 함부로 짓밟아도 되는 그런 대상으로 말이다. 이들에게는 자신과 주변 패거리를 제외한 모든 사람들이 자신의 욕망을 충족하기 위해 이용해도 되는 대상으로만 보일 것이다. 그리고 나이 좀 먹으면 딸 같아서 그랬다고 할 인간들이다.

공급자도 판매자도 그들

서울대 단톡방 사건과 비슷한 시기에 또 다른 성폭행 사건이 있었다.

고려대 남학생이 2년에 걸쳐 같은 학교 여학생 19명을 성폭행·성추행하고 이를 동영상으로 촬영해오다 적발됐다. '의대생 집단 성추행 사건'의 여파가 채 가시지 않은 고려대에서 다시 엽기적인 학내 성범죄가 발생한 것이다.…
고려대 11학번 A씨는 2011년 초부터 올 초까지 2년간 같은 과 여학생 3명을 성폭행한 혐의로 서울 성북경찰서 조사를 받고 있다. 학교와 경찰이 확보한 A씨의 동영상 CD에는 여학생 3명을 성폭행하는 장면 외에 다른 여학생 16명의 치마 속이나 가슴 부위를 찍은 '몰카' 영상이 들어 있었다.

A씨는 동기생보다 서너 살 많아 같은 학번 여학생 사이
에서 '좋은 오빠'로 불렸다고 한다. 범행 때마다 피해 여
학생에게 "함께 술을 먹자"고 제안한 뒤 술자리가 끝나
면 모텔이나 교내 동아리방 등으로 데려가 '몹쓸 짓'을 했
다. 피해 여학생들을 조사한 경찰과 학교 측은 "A씨가 술
에 약물을 타 정신을 잃게 한 뒤 범행한 것으로 보인다"
고 말했다. 이럴 경우 '특수강간' 혐의가 적용된다.

그는 범행 장면을 전부 카메라로 촬영해 보관했다. 이 동
영상을 저장해 둔 CD가 유출되면서 A씨의 범행 사실도
들통 났다. 이 영상에는 수업 시간이나 술자리 등에서 여
학생들의 은밀한 부위를 촬영한 장면이 담겨 있었다. 피
해 여성들은 대부분 같은 과 여학생들로 알려졌다.[1]

2016년 10월에는 서울대 도서관 몰카 사건이 있었
다. 서울 관악경찰서는 서울대 중앙도서관에서 맞은편에
앉아 있는 여학생의 치마 속을 휴대전화로 몰래 촬영한
혐의(성폭력 범죄의 처벌에 등에 관한 특례법 위반)로 서울대 졸
업생 A씨(28)를 불구속입건했다고 5일 밝혔다.[2]

---

1   국민일보 2013.07.31 「'학교 망신 고대男' 여학생 19명 성폭행·추행… 약
     탄 술 먹이고 몹쓸 짓 촬영도」

2   국민일보 2016.10.05 「서울대에서 또 성범죄 발생… 이번엔 도서관 몰카」

같은 해 6월에는 더 충격적인 사건도 있었다. 위 사건에서 유출된 사진과 동영상이 거래되는 소라넷 운영진의 신상과 도피처가 드디어 파악된 것이다. 서울지방경찰청 사이버수사과는 지난 4월 동남아시아의 한 국가 공항에서 소라넷 창립멤버인 A씨(45) 부부의 입국을 확인했다고 13일 밝혔다. 다만 우리 경찰이 현지 사법기관에 요청한 수사 협조가 받아들여지지 않아 영주권자인 이들을 체포하지는 못했다. 국내 최대 규모 음란사이트였던 '소라넷'(사진) 운영진은 베일에 가려져 있었다. '테리 박(Terry park)' '케이 송(Kay song)' 등 가명을 쓰며 정체를 감춰왔다. 경찰은 서울대를 비롯한 명문대 출신이 운영진인 것으로 확인하고 검거에 들어갔다. 경찰에 따르면 소라넷을 만든 이들은 A씨 부부와 B씨 부부 등 총 4명이다. 서울대를 졸업한 A씨를 비롯해 모두 명문대 출신인 것으로 전해졌다. 경찰은 이들과 함께 소라넷 운영에 깊이 관여한 2~3명도 쫓고 있다.[1] 2017년 6월까지도 검거하지 못하고 강제송환을 검토하고 있는 중이다.

---

1   국민일보 2016.03.13 「꼬리 잡힌 '소라넷'… 서울대 출신 부부가 만들었다」

의대생 집단 성추행 사건

서울의 한 유명 사립대 의대에 재학 중인 남학생 3명이 6년을 함께 공부해온 여학생을 집단 성추행한 사실이 드러났다. 이 의대생들은 동아리 MT 장소에서 동기 여학생이 술에 취해 정신을 잃자 성추행한 뒤 나체 사진까지 촬영했던 것으로 밝혀졌다.[2] 이들은 고려대 의대 학생들이었다. 더 무서운 일은 이후에 벌어졌다. 민주당의 최영희 의원에 따르면 용서를 빌어도 부족할 상황에서 초기에는 범행 사실을 인정했던 한 가해자는 갑자기 범행 사실을 전면 부인하고 가족들이 나서서 반복적인 피해자 집 방문, 협박성 합의 종용 등을 했다고 한다.[3]

이뿐만 아니다. 가해자는 고대 의대생들에게 '피해자는 평소 이기적이다, 아니다', '피해자는 평소 사생활이 문란했다, 아니다', '피해자는 싸이코패스다, 아니다' 등의 문항이 기재된 설문조사를 직접 실시했다. 심지어 학교에서 의대 교수들은 "가해 학생들이 다시 돌아올 친구니까 잘해줘라"는 말도 했다.[4] 결국 고려대는 비판 여론을 이기지 못하고 3명의 학생을 출교조치 했다. 재판부는 이들

2   문화일보 2011.06.03 「명문 의대생 3명, 동아리 MT 가서 취한 女동기생 성추행 뒤 나체 촬영」

3   국민일보 2011.08.30 「고대 의대생 집단 성추행, 2차 피해 심각」

4   경향신문 2011.09.02 「고대 성추행 피해女 "교수들, 가해 학생들에게 잘해주라⋯"」

에 대해 죄질에 따라 1년6개월과 2년6개월의 실형을 선
고했다.

　　도저히 믿을 수 없는 이야기들이 현실에서 일어났
다. 저들의 행태에 분노가 치솟는다. 자판을 두들기는 손
가락 끝이 뜨겁다. 짧은 치마를 입고 다니지 말라는, 왜
여자가 늦은 시간에 다니냐는 식의 생각을 하는 사람들
이 만든 세상은 역겹고 더럽다. 2016년 강남역 살인 사
건 뒤에 붙은 고인의 명복을 비는 수많은 포스트잇에는
다음과 같은 말들도 있었다. '이제 화장실 가서 / 운 좋으
면 →무사히 나옴 / 좀 나쁘면 → 몰카 찍힘 / 재수 없으
면 → 살해당함' '그냥 미친 놈 하나가 또 사고쳤네라며
넘길 문제가 아니다' '그날 새벽 죽은 게 나였어도 이상할
게 없는 세상. 나는 우연히 살아남았다' '우리는 인간으로
서 안전하고 행복하게 살 권리를 누리고 싶습니다. 그것
을 해친 사람이 잘못한 것입니다. 책임을 피해자에게, 화
장실에게, 정신병에 돌리지 말아주세요' '피해자보다 가해
자의 못 이룬 꿈을 걱정해주는 좆같은 대한민국'. 자신의
잘못을 반성하기는커녕 피해자에게 책임을 돌리는 고려
대 학생과 그의 어머니에게는 무슨 말이 필요할까?

　　더 무서운 이야기가 있다. 고려대 3명의 학생 중 2명
은 다시 다른 대학의 의대에 입학했다는 사실이다.[1] 이들
이 대학을 졸업해서 의사가 되면 어떤 의사가 될까?

지금까지 서연고 재학생들을 비롯해서 서연고를 졸업한 이들의 악행을 이야기했다. 실제로 알려진 이야기보다 더 많은 나쁜 놈들이 있을 것이다. 그리고 알려진 이야기보다 덜 나쁜 놈들의 훨씬 더 많은 이야기가 있을 것이다. 언론에 등장하지 못할 정도의 수많은 그들의 악행과 갑질은 얼마나 많을까?

앞에서도 한 번 밝힌 바 있지만 혹시나 싶은 염려로 다시 한 번 서연고 출신이 모두 나쁜 사람이 아님을 분명히 한다. 이 글이 서연고 출신들의 악행을 고발하는 이유는 그들을 매도하기 위함이 아니다. 학벌 사회의 폐단을 조금이라도 없애기 위함일 뿐이다. 교육과 입시의 문제, 그리고 사회 시스템의 문제처럼 거대 담론 속에서는, 우리들은 학벌 사회가 없어지기를 바라는 수동적인 존재로 남을 수밖에 없다. 학벌 사회의 폐단을 없애기 위해서는 그런 거대한 문제들도 해결해야 하지만, 무엇보다 우리 안에 있는 잘못된 인식을 바꾸어야 한다. 서연고 출신 앞에서 느끼는 우리들의 감정은 정상적이지 않다. 나는 이 글이 서연고에 대한 우리들의 잘못된 인식과 비정상적 감정을 점검해볼 수 있는 계기가 된다면 족하다. 따라서 이 글은 서연고라는 세 개의 대학에 한정된 글이 아니다. 사실 서연고 외에도 좋은 학벌이라고 이야기할 수 있는 다

1　　국민일보 2016.04.08 「'고대 의대 집단 성추행' 가해자 2명의 기막힌 근황」

른 대학의 나쁜 사람을 이야기하고 싶은 순간도 엄청 많
았다. 이 글이 단지 서연고라는 세 개의 학교가 아니라,
우리 사회가 안고 있는 학벌의 문제, 그리고 그런 학벌의
문제를 자신도 모르게 키우고 있었을지 모를 우리들의
마음을 되돌아보는 계기가 되었으면 좋겠다.

고맙다, 최순실!

최순실 씨가 없었다면

최순실 씨가 없었다면 국정농단도 없이 대한민국이 더욱 발전할 수 있었을까? 국정을 엄청나게 망친 사람이 없었다면 다행이어야 할 텐데 왠지 고개가 갸웃한다. 사실 최순실 씨가 없었다고 해서 크게 국가가 발전할 수는 없었을 것이다. 최순실 씨는 어차피 안 좋아질 상태를 더 많이 안 좋게 만들었을 뿐일지도 모른다. 그런데 놀라운 일은 더 나쁘게 만든 최순실 씨에게 감사를 표하는 사람들이 많다는 점이다. 나도 진심으로 최순실 씨가 고맙다.

대한민국은 암에 걸린 환자였다. 암(癌)은 생체조직 안에서 세포가 무제한으로 증식하여 악성 종양을 일으키는 병으로 결국에는 주위의 조직을 침범하거나 다른 장기에 전이하여 생명체를 죽음에 이르게 하는 무서운 병이다. 암이 무서운 이유는 치료도 어렵지만, 증상이 쉽게 드러나지 않기 때문이다. 대한민국이 앓고 있는 병인 암을 그래도 치료가 가능한 순간에 알려준 것이 바로 최순실 씨였다. 그녀가 아니었다면 그 엄청난 암 덩어리를 도

려내야겠다는 생각조차 못 했을 것이다. 그녀가 아니었다면 자주 느꼈던 소화불량, 복통, 피로감, 식욕부진과 체중감소, 빈혈, 구토가 그저 별일 아닌 것으로 생각하고 병원에 갈 생각도 하지 않았을 것이다. 그녀가 아니었다면 대한민국의 암 덩어리는 계속 증식하고 전이하여 결국 회생 불가능한 상태가 되었을지도 모른다. 다행히도 그녀 덕분에 대한민국이 얼마나 큰 병에 걸렸는지를 알 수 있었다.

그녀는 몸 곳곳에 퍼져 있는 암 덩어리들을 알려주었다. 문화·체육·예술·외교·경제·의료·교육, 그리고 관세청과 검찰까지 그녀의 손이 뻗치지 않은 곳이 없었다. 암에 대한 사전적 정의에는 '큰 장애나 고치기 어려운 나쁜 폐단을 비유적으로 이르는 말'이라는 뜻도 있다. 오랫동안 쌓이고 쌓인 폐단을 '적폐'라고 하니 그야말로 대한민국은 암 덩어리이자, 적폐 덩어리였다. 최순실 씨 덕분에 대한민국의 많은 사람들이 '적폐 청산'을 바라게 되었으니 어찌 그녀에게 고맙지 않을 수가 있을까? 덧붙여 그녀는 우리가 오랫동안 잊고 있던 가치를 일깨워주었다. "이것은 민주주의 특검이 아닙니다!"라는 그녀의 외침은 촛불을 들고 광화문 광장에 서야 하는 이유를 알려주었다. 나는 진심으로 최순실 씨가 고맙다.

나에게는 그녀가 고마운 이유가 더 있다. 이 글을 쓰

한겨레 2017.1.26, 〈한겨레그림판〉

게 한 동기를 주었기 때문이다. 설날에 태극기 집회의 연
단에 서 있는 사람들을 보며 한심한 인간들이라고 이야
기를 하던 나에게 어머니가 "야, 그래도 저기 있는 사람
들 다 좋은 대학 나온 똑똑한 사람들이다"라고 말씀하셨
다. 그랬다. 그들은 서울대, 연세대, 고려대, 하버드를 졸
업한 것만이 아니라 교수이기도 했고, 변호사이기도 했
고, 검사이기도 했고, 대법관이기도 했다. 그런데도 그들
은 무식했다.

　　나는 탄핵 과정에서 드러난 고학력자들의 무식함에
놀랐다. 그들은 danger를 '단거'라고 읽는 사람보다 더 무
식한 사람들이었다. 나는 지켜야 할 최소한의 가치를 짓
밟는 그들의 궤변과 기본적인 양심마저도 잃어버린 그들

의 행동을 어떻게 이해할 수 있을지 고민했다. 그 과정에서 내가 가진 편견을 마주해야 했다. 서연고를 나온 사람이라면 높은 수준의 양식(良識)을 가지고 있을 것이라고 생각하고 있었던 내가 문제였다. 보수나 진보와 같은 이념적인 문제는 제쳐두더라도 최소한 대화는 통할 수 있을 것이라고 생각했던 내가 문제였다. 그들에게는 기본적인 수준의 양식도 없었다. 합리적인 토론을 할 지적 능력도 없었다. 그들은 맹목적인 이념과 자신들의 이익에 눈이 먼 괴물일 뿐이었다.

도저히 분노합니다

최순실 국정농단 사건은 고학력·고위직에 계신 분들의 진면목을 알아볼 수 있는 소중한 기회이기도 했다. 그분들은 박근혜 대통령을 지키기 위해 부끄러움도 던져버렸다. 최순실 국정농단 청문회 당시 국조특위 위원장이신 이완영 의원은 주옥같은 어록을 남기셨다. 증인으로 나왔던 고영태에게 "아직 최순실을 좋아합니까? 존경합니까? 아니면, 미워합니까?"와 같이 본질을 흐리는 자극적인 질문은 물론, 대기업 총수들이 증인으로 참석했을 때에는 그분들의 건강을 염려해서 '정몽구, 손경식, 김승연 세 분은 건강진단서 고령 병력으로 오래 계시기 매우 힘들다고 사전 의견서를 보내왔다. 지금 앉아 계신 분 모습

을 보니 매우 걱정된다. 일찍 보내는 배려를 했으면 합니
다'[1]라는 쪽지를 위원장에게 전달하기도 하여 친절과 배
려의 모습을 몸소 보여주시기도 했다. 이에 국민들 몇 백
명이 '18원'의 후원금을 보내어 이분의 말씀에 놀라움을
표현하기도 했다. 물론 후원금 '18원'에 대해 영수증을 요
구하는 것도 잊지는 않았다.

심지어 백남기 농민 사망 사건과 관련해서는 "미국
에서는 경찰이 총을 쏴서 시민을 죽여도 정당한 공무다.
(시위대가) 폴리스라인을 벗어나면 그대로 패버리지 않느
냐? 이런 게 선진국 공권력이 아닌가?"[2]라며 우리나라를
선진국으로 발돋움시키기 위한 조언을 아끼지 않으셨다.
또 "도저히 분노합니다"와 같은 새로운 어법을 창조해서
국립국어원을 당황케 하셨다. 이완영 의원은 1996년 노
동 전문지 기자를 자신의 차 안에서 성추행한 의혹을 받
기[3]도 했으며, 감사원 근무 당시에는 입사 1년도 되지 않
은 상황에서 뇌물을 받고 스스로 사표를 낸[4] 보기 드문

1   서울신문 2016.12.08 「청문회 스타 이완영? "최순실 좋아하냐" 질문에 재
     벌 조기 귀가 호소까지」

2   한겨레 2016.11.23 「"촛불은 바람불면 꺼져" 대통령 순장조 '막말의 역
     사'」

3   국민일보 2016.12.30 「"20년 전 만취한 여기자 성추행했다" 이완영 의혹
     일파만파」

4   한겨레 2016.12.28 「"이완영 의원, 감사원 재직 때 뒷돈 받아 사표 내"」

일을 하기도 하셨다. 또한 19대 국회의원 선거에서 성주군 의원에게 2억4800만 원을 빌려 회계 책임자를 통하지 않고 사용해서 정치자금법 위반 혐의로 재판을 받고[1] 계시다. 이분도 서울대 석사학위를 가지고 계시다.

경제보다 정의가 중요하다는 게 말이나 되는 소리냐?

비이성적인 저질스런 글이 넘치는 '일베'에서 갓진태라고 칭송되는 국회의원이 계시다. 바로 김진태 의원이다. 담뱃갑에 경고 그림을 표기하는 것이 늦어지고, 또 작아진 것은 김진태 의원 덕분이다. 그는 "담뱃갑에 경고 그림을 표기하는 법안이 제출됐다. 폐암사진을 담뱃갑 50% 이상 면적에 표기하는 것"이라면서 "제가 반대해 법사위에 법안을 계류시켰다. 담배 피울 때마다 흉측한 그림을 봐야 하는 것은 흡연권, 행복추구권 침해라고 생각한다"[2]고 했다.

답배갑 그림을 작게 만들어서 국민들의 행복추구권을 넓게 만들어주신 그분께서 국민들을 답답하게 하신

---

1   중앙일보 2017.04.17. 「이완영 의원 '정치자금법 위반' 첫 재판… "돈 받은 적 없다" 혐의 전면 부인」

2   경향신문 2015.03.04 「담뱃갑 경고그림 의무화 무산… 김진태 "내가 계류시켜, 흡연권, 행복추구권 침해"」

경향신문 2015.4.6, 〈김용민의 그림마당〉

말씀은 많다. 세월호 인양과 관련해서 "시신이 추가적으로 확보될지도 보장이 없고, 그런 시신을 위해서 많은 사회적 비용을 지불해야 하는지에 대해 다시 한 번 생각해봐야 한다"[3]며 인양을 반대하면서 많은 국민들의 가슴을 후벼 파셨다. 백남기 농민 사망 사건에 대해서도 "물대포 하나 갖고 어떻게 두 곳에, 물대포를 맞고 바로 뼈가 부러

3   국민일보 2014.11.13 「구조중단 이어 인양 포기까지? 김진태 "세월호 인양 않는 것도 방법"」

지냐? 보통 상상하기가 힘들다"[1]며 물대포 성능을 의심
하는 말씀으로 사건의 본질을 흐리기도 하셨다. 김진태
의원은 탄핵 당시를 자신의 이름을 널리 알릴 수 있는 절
호의 기회로 여기신 듯하다. 촛불 시위에 대해서도 "촛불
은 촛불일 뿐… 바람이 불면 다 꺼지게 돼 있다"[2]는 말씀
으로 꺼지지 않는 LED 촛불을 유행시키기도 하셨다. 본
인이 참석한 태극기 집회에서는 "세계적 기업 삼성을 마
구 구속하려고 안달이 났는데, 경제보다 정의가 중요하
다는데 이것 웃기는 이야기 아닙니까?"[3]라고 하셨다. 정
의롭지 않은 검사님들 많이 계시기는 하지만, 검사 출신
국회의원으로서 이렇게 대놓고 스스로 '정의보다 경제'라
고 고백하는 경우는 처음이다.

또한 국회에서 탄핵안이 의결되고 태극기 집회가 점
점 커지자 "태극기는 점점 커졌고 헌재 분위기도 달라졌
습니다. 김평우 같은 천재도 나타났습니다. 조갑제, 정규
제, 변희재, 뱅모(박성현) 이렇게 똑똑한 사람들이 우리 곁
에 없었다면 여기까지 오지 못했을 겁니다. 정광용(박사모

1   노컷뉴스 2016.10.04 「김진태 "물대포 맞고 뼈 안 부러져"…백남기 유족 비
      판도」

2   한국경제 2016.11.17 「김진태 의원 "촛불은 촛불일 뿐… 바람 불면 다 꺼지
      게 돼 있다"」

3   서울신문 2017.04.13 「탄핵반대 집회… 김진태 "좌파들이 판사 신상 터니
      까 조윤선·김기춘 구속"」

회장)이 없었다면 사람 만 명 모으기도 힘들었을 겁니다"[4]라는 말로 동료애를 과시했다. 물론 위에서 이야기한 그의 동료 6명 중 3명이 서울대, 1명이 고려대를 나오셨다. 물론 김진태 의원도 역시 서울대를 나오셨다. 김진태 의원은 제1회 서울대생들이 뽑은 부끄러운 동문상 2위를 하시기도 했다.

왜 재판을 함부로 진행하느냐?

김진태 의원이 언급하신 김평우 변호사도 뺄 수가 없다. 김진태 의원의 말씀대로 그는 혜성처럼 등장해서 자칫 지루할 수 있었던 탄핵 심판을 익사이팅하게 만들어주시는 천재적인 능력을 선보이셨다. 그는 탄핵심판에 합류하자마자 준비한 변론을 하겠다며 억지를 부리셨다. 이 과정에서 자신이 겪고 있는 당뇨병에 대한 말씀도 하시고, 헌법재판관에게 삿대질도 하셨다. 재판관을 향해 "왜 재판을 함부로 진행하느냐?"[5]는 일반인으로는 감히 상상하기조차 힘든 놀라운 말씀도 하셨다. 심지어 탄핵 심판 결과에 승복하는 사람들은 북한 인민들일 것이라고

---

4 동아일보 2017.03.09 「김진태 "운명의 시간 하루 남아… 새로운 세상 열릴 것"」

5 한겨레 2017.02.20 「대통령 대리인 "왜 함부로 재판 진행해요" 헌재서 난동」

경향신문 2017.2.23, 〈김용민의 그림마당〉

하면서 헌법재판소의 결정에 불복해야 한다[1]는 엄청난
말씀도 남기셨다. 무엇보다 "국회는 힘이 넘치는데, 약한
사람은 누군가? 여자 하나다. 법관은 약자를 생각해야 한
다"[2]는 말씀에서 어떤 상황에서도 약자를 지켜내려는 그
의 정의로움을 보았다. 그의 등장은 수세에 몰려 있던 탄
핵재판의 방향을 바꾸었다고 보수 인사들의 칭송이 넘쳐

---

1   JTBC 2017.03.02 「또 '막말' 쏟아낸 김평우… "결과 승복하면 북한 인
     민"」

2   경향신문 2017.02.22 「김평우 "재판부가 국회 대리인이냐… 내란 상태 갈
     수도"」

났다. 김평우 변호사도 역시 서울대를 나오셨다.

모릅니다. 기억이 안 납니다.

김진태 의원에 이어 서울대의 부끄러운 동문 3위에
오른 사람은 조윤선 전 문체부장관이다. 박근혜 정부 당
시 대통령 당선인 대변인, 여성가족부 장관, 대통령비서
실 정무수석, 문화체육관광부 장관을 두루 역임하시는
능력을 보여주셨다. 국정농단 청문회 당시 국민의당 이용
주 의원이 "블랙리스트가 있는 것이 맞냐?"는 같은 질문
을 17번이나 반복한 끝에 문화계 블랙리스트의 존재를
인정해서 많은 국민들의 애간장을 녹이시기도 했다. 안타
깝게도 대한민국 최초로 장관 재직 중에 구속이 되는 아
픔을 겪으셨으나, 오해가 풀려 무죄 석방되셨다. 조윤선
전 장관을 이 책에 싣기 위해서는 2심 재판 결과를 기다
려야 할 듯하다.

블랙리스트의 주역은 김기춘 전 비서실장이시다. 안
타깝게도 이분은 많은 말씀을 남기시지 않았다. 단지 유
신헌법을 직접 기획하시고, 공안검사로 간첩단 사건을 조
작하시고, '우리가 남이가'라는 초원복집 사건을 도청 사
건으로 바꾸시고, 노무현 대통령 당시 법사위원장으로
탄핵을 이루어내셨다. 항상 별다른 말씀 없이 묵묵히 모

경향신문 2017.1.23, 〈김용민의 그림마당〉

든 일을 이루어내셨다. 청문회에 나오셔서는 "모릅니다", "기억이 안 납니다"라는 말씀과 놀라운 연기력을 보이셨다. 하지만 이분은 많은 말씀과 행적을 남기시지는 않았지만 서울대를 졸업한 그 어떤 후배들에게 뒤지지 않을 정도로 국민들의 분노를 받고 계시다. 아마도 국민들은 이분이 가지고 계신 보이지 않는 능력과 재능을 알고 있는 듯하다. 더 크고 굵직한 문제들이 밝혀진 바가 없이, 그저 문화계 블랙리스트 사건으로 1심 재판에서 3년을 선고받으셨다는 것이 큰 아쉬움으로 남을 뿐이다. 아참, 서울대 부끄러운 동문상의 '멍에의 전당' 후보로는 김기춘 전 비서실장이 추천돼 참여자 99%의 압도적인 지지를 받았다. '멍에의 전당'은 대한민국 헌정사에 해악을 끼친 인물을 뽑는 설문조사다.[1]

그럼 쟁쟁한 경쟁자들을 물리치고, 제1회 서울대 부끄러운 동문상의 1위는 누구일까? 바로 우병우 전 민정수석이다. 이분도 김기춘 전 비서실장처럼 별 말씀을 남기시지 않았다. 청문회에 출석해서 "모릅니다", "기억 안납니다"라는 말만 남기셨을 뿐이다. 하지만 그는 입으로 남긴 몇 마디 말보다 강렬한 레이저 눈빛으로 국민들 가슴을 후벼 파셨다. 또한 검찰청에서 조사 받는 과정에서 그는 여유로운 몸짓으로 많은 국민들의 혈압을 확 끌어올리기도 하셨다. 물론 그는 최순실 사태 이전에 아들의 병역 의혹, 장모님의 건물 매매 의혹, 가족회사 비리 의혹, 세월호 수사 방해 의혹, 그 외에도 직권남용 및 직무유기와 관련된 각종 의혹들을 받고 있다. 의혹의 끝판왕인 셈이다. 각종 의혹에도 불구하고 아들의 코너링 실력은 확실하게 검증받은 듯하다. 물론 그는 조금도 의심할바 없이 서울대를 나왔다.

최순실 국정농단 사태에서 박근혜 전 대통령을 가장 앞장서서 변호하신 분은 유영하 변호사다. 그는 청주

---

[1]   국민일보 2017.01.06 「서울대 이어 연세대도 '부끄러운 동문상' 수장자 투표」

연세대학교 대나무숲
어제 오전 11:10 ·

연대숲 #50803번째 외침:

2017. 1. 4 오전 3:13:44

2016년 연세대학교 최악의 동문상 후보를 발표합니다. 옆 학교에서 이번 사태를 맞아 부끄러운 동문상을 뽑는 걸 보고 영감을 얻었습니다. 과연 최악의 동문이라는 멍에를 안는 사람은 누구일까요? 여기 없는 사람도 자유롭게 추가할 수 있습니다

연세대학교 2016년 최악의 동문상 후보

1. 최경환: 경제학과 출신. 친박계 새누리당 의원의 핵심. 탄핵 표결에 참여하지 않고 도망감. 나라 경제를 말아먹은 1등공신.
2. 현기환: 행정학과 출신. 엘시티 게이트의 핵심.
3. 나향욱: 교육학과 출신. "민중은 개돼지" 발언으로 파면당함.
4. 유영하: 행정학과 출신. 박근혜의 변호를 맡아 1년동안 온 국민의 혈압을 올리는 데 기여함.
5. 장시호: 스포츠레저학과 출신. 뇌물성 입학 특례 의혹이 있음.

👍 좋아요　　💬 댓글 달기　　↗ 공유하기

지검에서 근무하던 2003년 1월과 5월 두 차례에 걸쳐 나이트클럽 사장으로부터 180만 원 상당의 향응을 제공받아 '감봉 3개월'의 징계처분을 받았다. 그 후 변호사로 군포 여중생 집단성폭행 사건을 맡아서 피해자가 자발적으로 원해서 남학생들과 성관계를 가졌다며 무죄를 주장했다.[1] 박 전 대통령과의 엄청난 친분을 과시한 그였지만 국회의원 선거에서 3번이나 떨어지기도 했다. 20대 총선에서는 새누리당의 옥새파동으로 후보 등록도 하지 못하는 불운을 겪었다. 하지만 그는 친박의 진면모를 박근혜 전

1　국민일보 2016.11.16 「유영하 변호사 과거 전력 논란… "대통령, 문제있는 사람들과 친해"」

대통령이 어려움을 겪는 순간 보여주었다. 그는 최순실 국정농단 사태 초기인 2016년 11월에 박근혜 전 대통령의 변호인을 자임하며 '여성으로서 사생활'을 언급하여[2] 국민들에게 많은 사건들을 상상하게 만들기도 했다. 탄핵 이후에도 유일하게 박근혜 대통령과 소통할 수 있는 분은 유영하 변호사 한 분뿐이다. 그는 연세대를 나왔다. 연세대도 최악의 동문상 투표를 했다.[3]

박근혜 대통령 탄핵심판 당시 박근혜 대통령의 변호를 맡은 대리인단은 20명이었다. 합리적인 변호가 아닌 생떼질을 부리고, 법정 밖에서 협박과 위협을 했던 그들도 대부분 서연고 출신들이다. 20명 중 절반에 해당하는 10명이 서울대, 그리고 연세대와 고려대가 각각 4명씩이다.

이화여대 사태를 일으킨 분들도 대거 청문회에 출석해서 거짓말을 하다가 구속되는 일을 겪었지만, 아무래도 윗분들에 비할 바가 못 되어 간략하게만 나열한다. 최경희 이화여대 총장, 김경숙 학장, 이인화 교수 모두 서울대를 나왔다.

---

2   YTN 2016.11.15 「유영하 변호사, "대통령 조사 미뤄져야"(기자회견 전문)」

3   국민일보 2017.01.06 「서울대 이어 연세대도 '부끄러운 동문상' 수장자 투표」

아까운 분들이 더 있다. 이름만으로 빛나는 분들이다. 잠깐이나마 소개를 안 할 수가 없다. 놀라운 말씀을 많이 남기신 강용석 변호사도 서울대를 졸업하셨다. 미디어워치의 변희재 대표, 원세훈 전 국정원장, 문창극 전 총리 후보자, 나경원 의원, 김재원 의원, 윤상현 의원, 이상득 전 의원, 김두우 전 청와대 수석, 신재민 전 차관, 이문열 작가 모두 서울대를 졸업하셨다. 최경환 의원, 류석춘 자유한국당 혁신위원장, 김수창 제주지검장은 연세대를 졸업하셨다. 정진석 의원, 원유철 의원, 정규제 TV의 정규제 대표, 박영준 전 차관, 천신일 회장 그리고 이명박 전 대통령은 고려대를 졸업하셨다. 이분들은 이 책 2권이 출간될 수 있다면 꼭 모셔보고 싶은 분들이다.

7

그들이

모르는 것들

사회적 자산으로 이룬 개인적 성공

서연고 지원금

서연고 졸업장은 직업을 얻는 것에서도, 승진을 하는 것에서도, 인간관계를 맺는 데에서도 유리하게 작용한다. 그들에게는 만 20살도 되기 전에 결정된 시험 결과가 여러 가지 분야에서 지속적인 혜택으로 주어진다. 물론 그들은 이런 혜택을 그들의 노력으로 얻어낸 당연한 결과로 생각한다. 어쩌면 그들에게는 특별한 혜택이 아니라, 공정한 보상이라고 생각할지도 모른다. 공정함은 서연고가 가장 내세우고 싶어 하는 가치다. 그들은 자신들이 공정한 경쟁을 통해서 성취한 졸업장으로 공정하게 누려야 할 권리를 누린다고 생각한다. 그들이 생각하는 공정함은 다른 사람보다 더 많은 노력을 한 자신이 더 많은 것을 가질 수 있다는 보상 논리다. 하지만 서연고에 다닌 것 자체만으로 그들의 노력은 이미 충분한 보상을 받았다. 아니, 이미 그들은 충분함을 넘어 불공정한 특혜를 많이 받았다.

그들이 받은 불공정한 특혜는 사회적 자산으로 만

들어졌다. 즉, 그들은 대학에 다닌 것만으로도 사회에 빚을 진 것이다. 서울대는 국공립대학으로 그들이 받는 엄청난 혜택에 대해서는 더 이상 말할 필요도 없다. 그런데 사립대인 연세대와 고려대는 자신이 낸 돈으로 정당하게 배운 것인데 무슨 빚을 진 것이라는 말일까? 그들은 정당하게 자신의 돈을 내고 돈 낸 만큼의 교육 서비스를 제공받는 곳이라고 생각한다. 과연 그럴까?

2017년 고등교육 부문 예산은 9조2600백억이 넘는 돈이 편성되었다. 사회 맞춤형 인재 양성, 대학 자율성 확대, 인문사회·이공학 분야 개인기초연구 지원 확대 등을 목적으로 지원될 돈이다.[1] 사립대 지원금의 상당 부분은 상위권 대학이 가져간다. 더불어민주당의 유기홍 의원은 2003~2012년의 10년 동안 사립대 지원금을 분석한 결과, 상위 20개 사립대가 전체 161개 사립대 국고지원금의 60.7%를 가져간 것으로 밝혔다. 학교별로는 161개 사립대 중 단 2개의 대학인 연세대와 고려대가 전체 지원 금액의 15.5%를 가져갔다.[2] 2014년 기준으로 서울 소재 사립대 학생 1인당 지원금은 337만 원으로 비수도권 광역

---

1   한국대학신문 2016.11.09 「교육부 예산 심사 시작… 고등교육 예산 어떻게 되나」

2   한겨레 2013.10.30 「사립대 지원금, 연·고대에 15.5%나」

시 대학생이 받은 121만 원보다 3배 정도 많았다.[3] 심지
어 연·고대는 인건비와 기본경비 등의 경직성 경비를 제
외한 경상비를 서울대와 카이스트를 제외한 다른 국공립
대학보다 더 많이 받아 갔다.[4]

　　고려대라고 해서 등록금이 월등하게 비싼 것도 아니
고, 신한대라고 해서 등록금이 더 싼 것도 아니다. '대학
알리미'를 통해서 보면, 가장 등록금이 비싼 학교는 명지
대다. 신한대가 3위, 고려대는 20위 밖이다. 그럼에도 불
구하고 그들은 그들이 지불한 돈보다 훨씬 더 비싼 수업
과 질 높은 교육을 받고 있다. 캠퍼스의 위치는 어떤가?
학교 건물을 비롯한 각종 교육시설은 어떤가? 교수들의
수준 차이는? 학생 자치활동에 대한 각종 지원도 장학금
도 차원이 다르다. 대학에서도 부익부 빈익빈 현상은 고
스란히 나타난다. 그러면 된 것 아닌가? 그들은 그들의
노력의 대가를 질 높은 대학 교육만으로 충분히 받은 것
이다.

3　　한국일보 2016.06.14 「대학재정 지원사업, 지방대 소외 이유 있었네」

4　　한겨레 2014.11.04 「학생 1인당 '정부 지원금', 서울대가 경북대의 4배」

대학 교육 자체가 사회적 자산이다

교육부의 지원금만이 아니다. 그들이 누리는 비싼 수업과 질 높은 교육은 그 자체가 사회적 자산임이 분명하다. 그 어떤 학문이든지 대학에서 공부를 한다면 그것은 과거의 학자들이 만들어놓은 길을 따라가는 것이다. 열심히 따라가면서 점점 작은 길로 가다가 막힌 길을 조금 뚫는 것이 학문이다. 마치 나무뿌리부터 시작해서 잔가지까지 올라가서 작은 싹을 틔우는 것처럼 모든 학문은 과거의 연구 성과를 밑받침으로 꽃을 피울 수밖에 없다. 학문만이 아니다. 대학은 사회라는 거대한 나무에 열린 과일이다. 그 사회의 수많은 구성원들이 오랜 시간 동안 쌓아올린 탑 위에 자리 잡고 있는 것이 대학이다. 대학을 다닌다는 것은 그렇게 만들어진 과일을 쉽게 따 먹는 일이다. 따라서 대학은 현실과 거리가 먼 정신적 행동을 하는 상아탑이 아니라, 가난한 국민들이 힘들게 살면서 낸 세금으로 세운 우골탑이다.

입시제도와 교육의 올바름을 따지지 않는다면, 그들은 자신의 실력으로 합격한 대학에 다닌 것은 분명한 사실이다. 하지만 순수하게 자신들의 돈을 내고 다녔다고 할 수는 없다. 공부를 잘하는 학생들에게 국가적 차원에서 많은 지원을 하는 이유는 그들이 사회에 더 많은 기여를 할 수 있을 것이라고 생각하기 때문이다. 다르게 표현한다면 사회적으로 이익이 된다고 판단하기 때문이다. 사회에 도움이 되기는커녕 갑질이나 하는 쓰레기들만 만들어낸다면 그런 대학에 국민의 세금을 지원해서는 안 된다. 혹시 앞으로는 서연고 졸업생 중 국민들 뒷목 잡게 하는 인물이 등장할 때마다 국고 지원금 1억씩 삭감하면 어떨까? 왜 우리는 세금을 바쳐 그들에게 다른 어떤 대학보다 좋은 교육 환경을 제공하고, 그들에게 주눅 들고 갑질을 당해야 하는가?

교육 이념, 헌장, 목표

서울대 헌장에는 공동체의 발전과 행복, 자유롭고 정의로운 사회, 기회균등의 원칙, 다양한 사고와 문화를 존중, 인류의 평화와 행복, 인류 보편의 가치, 봉사정신 등과 같은 단어와 어구들이 있다. 연세대의 교육이념에도 창의력과 비판력, 정의감과 기백, 진리와 자유의 정신, 겨레와 인류의 문화유산, 인류의 번영, 사회에 이바지, 이웃을 위해 봉사와 같은 말이 있다. 고려대의 교육목적에도 민주 교육의 근본이념, 국가와 인류사회 발전과 같이 거창하고 추상적인 단어와 어구들은 어김없이 있다.

도대체 전혀 쓸데없어 보이는 예쁘고 좋은 말만 모아놓은 이런 교육헌장과 교육이념은 왜 있는 것일까? 그럴듯해 보이려고? 멋지게 보이려고? 그런 것이 아니다. 높은 수준의 지식을 가진 자가 이런 이념과 헌장을 모른다면 오히려 많은 사람들에게 피해를 줄 수도 있기 때문이다. 각 분야의 지도자의 위치에 오를 가능성이 비교적 높은 서연고에게는 더욱더 중요한 덕목이다. <쿵푸팬더>에서 '포'는 용문서를 가진다는 것은 곧 마을 사람을 위해서 자신을 희생해야 한다는 것을 알고 있었다. 그는 마을 사람들을 악당으로부터 지키고, 또 마을 사람들이 스스로 악당을 이길 수 있도록 쿵푸를 가르치기도 한다. 하지만 '타이렁'은 그렇지 않았다. 그에게는 자신의 개인적 욕망을 해소하기 위해 용문서가 필요했을 뿐이다.

2017년 서울대 입학식에서 서울대 성낙인 총장은 "최근 서울대인들은 부끄러운 모습으로 더 많이 회자된다"며 특별한 당부를 남겼다. 그는 "서울대라는 단어를 머리에서 지우지 못한 서울대인이 많았기 때문이다. 서울대라는 단어를 머릿속에서 지우라"고 주문했다. 성 총장은 또한 "서울대라는 이름에 도취하면 오만과 특권의식이 생기기 쉽다"며 "내게 더 많은 것이 주어지는 것이 당연하다는 생각이 생기면 출세를 위해 편법을 동원하고도 문제의식을 느끼지 못하고 다른 사람을 무시하는 태도를 보인다"고 말했다. 그러면서 성 총장은 "남의 의견을 경청할 줄 모르는 리더는 모든 이를 불행하게 한다. 따뜻한 가슴을 가지지 못한 인재는 리더가 될 수 없다. 인간에 대한 애정을 가져라. 모든 이에게 예의를 갖추라"고 말했

다.[1]

우리는 그들에게 제대로 살고 있는 것이 맞느냐고 물어야 한다. 당신이 받은 혜택에 대한 무거운 책임을 느끼고 있는지 물어야 한다. 서연고나 나와서 기껏 자신의 성공만을 위해서 살고 있다면 최소한 부끄러움은 가지고 살라고 당당하게 이야기해야 한다. 사실 우리는 그들에게 빚을 받을 생각 따위는 없다. 사회적 자산의 혜택을 많이 받았으니, 사회를 위해 헌신해야 한다고 이야기할 생각도 없다. 교육헌장과 교육목표를 들먹이며 사회적 책임 따위를 물을 생각도 없다. 그저 인간에 대한 예의를 갖추기만 바란다. 그저 자신만을 위한 삶을 살아도 좋으니, 제발 다른 사람 괴롭히지 말기를 부탁하고 싶을 뿐이다.

1　경향신문 2017.03.02 「성낙인 서울대 총장 "최근 서울대인 부끄러운 모습" 국정농단 연루 동문 비판」

변화는 이미 시작되었다

가려야 보이는 것들

<복면가왕>은 내가 유일하게 보는 MBC 프로그램이다. 국카스텐의 하현우가 '음악대장'으로 나왔을 때는 매주 <복면가왕>을 기다리며 일주일을 지내기도 했다. 나는 복면을 쓰고 노래를 부른다는 <복면가왕>을 우스꽝스럽게 생각했다. 코미디 영화 <복면달호>가 떠올라서이기도 했지만, 얼굴을 가린다고 뭐 특별할 게 있겠냐는 의구심이 컸기 때문이었다. 하지만 착각이었다. 알고 있었다고 생각했던 많은 것들이 편견이고 착각이었음을 <복면가왕>은 여실히 보여주었다. 드러난 것을 가리고 나서야 본모습을 볼 수 있었던 것이다.

문재인 대통령이 지난 6월 '공공부문 블라인드 채용 의무화'를 선언하고, 공공기관·지방공기업이 당장 올해 하반기부터 이를 시행키로 하면서 블라인드 채용이 채용시장의 화두로 떠올랐다. 블라인드 채용이란 입사 지원서에 출신 학교, 학점, 지역, 가족 관계 등을 쓰지 않고 지원자 사진도 배제한 채 오직 업무 관련 경험과 실력으로

뽑는 것이다.

…

미국 실리콘밸리의 주요 정보통신(IT) 기업들 사이에 블라인드 채용 열풍이 불고 있는 것도 학력과 실력 사이의 낮은 상관관계를 절감한 결과였다.…

실제로 경험한 이들에게 블라인드 채용은 장점이 도드라진다. 장기 효과를 판단할 근거는 아직 부족하지만, 우선 합격자들의 배경이 다양해졌다. 지난해 블라인드 채용을 도입한 국토정보공사의 경우, 올해 입사자 93명의 출신 대학은 총 59개로 2013년 36개 학교에서 73명의 신입사원을 배출한 것보다 다양성이 현격히 증가했다. 입사지원서에서 사진, 주소, 학력, 어학성적 등을 빼 스펙에 의한 진입 장벽을 낮추는 대신 기술자격증이나 직무 관련 지식과 경험 등으로 평가한 결과다. 2015년부터 일부 블라인드 채용을 실시한 롯데그룹의 경우 유도선수 출신 프로그래머(롯데정보통신), 사회체육학을 전공한 광고기획 직무(대홍기획), 조선해양공학을 전공한 영화관 운영 직무(롯데시네마), 가정교육학 전공 홈쇼핑 PD(롯데홈쇼핑) 등 과거보다 훨씬 다양한 배경의 신입사원이 들어왔다.[1]

"학벌 좋은 사람이 입사 후 일을 잘할 확률은 20% 미만

1   한국일보 2017.08.12 「블라인드 채용, 스펙을 가리니 '진주'가 보인다」

이라고 봅니다. 인사 담당자들끼리 모여 얘기해 보면 학력과 실력 사이에는 거의 상관관계가 없다고 봐도 무방하다는 게 공통된 의견이죠." 인사 담당 책임자 A씨가 근무하는 회사는 과거 신입사원을 뽑을 때 서울대는 10점, 연세대와 고려대는 9점식으로 출신 대학에 따라 차등 점수를 부여했다.

좋은 학교를 나왔다는 건 지능과 학습능력이 뛰어나다는 뜻이므로 일도 잘할 것이라는 전제하에 학력을 실력의 대리지표로 활용해 온 것이다.… 하지만 A씨의 회사가 신입사원들의 3년 후 직무성과와 출신학교 간 상관관계를 자체 분석해 본 결과는 충격적이었다. "좋은 대학 나왔다고 무조건 일 잘하는 건 아니라는 게 결론이었죠. 물론 몇몇 개인만 놓고 보면 학력과 실력이 일치하는 경우가 제법 있어요. 경영진이 '그래도 스카이(SKY)지' 하며 좋은 대학 출신에 대한 애정을 못 버리는 것도 바로 이 때문이죠."…

그러나 굳건한 통념에도 불구하고 학력과 실력의 상관관계는 과학적으로 입증되지 못했다. 이 분야의 기념비적 연구로 꼽히는 프랭크 슈미트 아이오와대 교수와 존 헌터 미시간주립대 교수의 1998년 논문 '인사심리학의 선발방식에 따른 타당성과 유용성'에 따르면, 전형 방법에 따른 구직자의 실력 예측변수를 -1에서 1까지 놓고 볼 때 학력(교육기간)의 상관관계는 0.1에 불과했다.…

학력과 실력 사이의 낮은 상관관계를 절감하고 과감히

블라인드 채용을 도입한 기업들은 주로 실리콘밸리의 신기술 기업들이다. 주요 IT 기업의 인적 구성은 최고 엘리트 대학을 나온 백인 남성 일색으로 지나치게 획일적이었는데, 감(感) 대신 데이터 분석을 통해 학력이 실력과 일치하지 않음을 깨닫고 민첩하게 채용 방식을 변경한 것이다.…[1]

블라인드 채용의 확산은 학력과 실력이 일치하지 않는 상황이 초래한 현상이다. 이 책의 첫 번째 단락은 '학력 사건에 대해서'였다. '미네르바 사건'을 언급하며 '실력'과 '학력'의 차이에 대한 근본적인 고민이 필요하다고 이야기했다. 만약 '미네르바'를 블라인드 채용했다면 수많은 회사에서 서로 모셔가려고 하지 않았을까? 무슨 미국의 유명한 대학을 졸업한 사람보다 더 좋은 대우를 해주면서 그의 능력을 얻으려고 했을 것이다.

다행히 앞으로는 효율성을 이유로, 단지 서연고라는 간판만으로 능력을 쉽게 인정했던 관행은 점차 사라질 것으로 보인다. 「블라인드 채용, 스펙을 가리니 '진주'가 보인다」(한국일보), 「학벌 좋은 사람이 일 잘할 확률은 20% 미만」(한국일보), 「공무원 경력 채용 원서에 사진·학력·가족관계 없애기로」(한겨레), 「李 총리 "상고 출신

---

1   한국일보 2017.08.12 「학벌 좋은 사람이 일 잘할 확률은 20% 미만」

대통령 2명… 신입 스펙 왜 보나」(서울신문), 「유통기업 하반기 공채 대폭 늘리고 '블라인드 채용 활성화'」(서울신문), 「9월부터 모든 지방 공공기관 '블라인드 채용'」(경향신문), 「기업 인사 담당자 10명 중 8명 '블라인드 채용 찬성'」(조선일보). 모두 블라인드 채용에 대한 신문기사 제목이다. 진짜 실력 있는 인재를 선발하기 위한 노력이 시작된 것이다. 서연고의 시대는 서서히 저물고 있다.

울타리를 벗어나는 지식

지식의 유통에도 변화가 시작되었다. '케이무크'는 교육부 주도로 서울대, 카이스트, 포항공대 등의 강의를 온라인을 통해 수강할 수 있게 한 무료 공개강좌다. "수강인원에 제한 없이(Massive), 모든 사람이 수강 가능하며(Open), 웹 기반으로(Online) 미리 정의된 학습목표를 위해 구성된 강좌(Course)를 말합니다. 무크(MOOC)는 학습자가 수동적으로 듣기만 하던 기존의 온라인 학습동영상과 달리 교수자와 학습자, 학습자와 학습자간 질의응답, 토론, 퀴즈, 과제 제출 등 양방향 학습이 가능한 새로운 교육 환경을 제공합니다. 아울러, 학습자는 세계를 넘나들며 배경지식이 다른 학습자간 지식 공유를 통해 대학의 울타리를 넘어 새로운 학습경험을 하게 될 것입니다." 케이무크 홈페이지에 있는 소개글이다. 2015년 10개 대학의 27개 강좌로 시작한 케이무크는 2017년 현재 30개 대학, 452개 강좌가 개설되어 있다. 개설된 강의도 인문·사회·교육·공학·자연·의약·예체능 등으로 거의 모든 학문 분야의 수업을 들을 수 있다.

지식은 사용하면 할수록 더 늘어난다. 지식은 좀 더 많은 사람이 공유할수록 커진다. 기득권층은 정보와 지식의 흐름을 막으려는 자들이다. 정보와 지식이 퍼지는 시간 차가 자신들의 이익과 직접 연결되어 있기 때문이다. 그래서 그들은 정보와 지식의 확산을 막기 위해 노력한다. 하지만 그들의 노력이 지식의 확산을 조금 늦출 수는 있지만, 막을 수는 없다. 지식은 계속 울타리를 넘어 사람들에게 조금씩 더 빠른 속도로 퍼져나갈 것이다.

약 20년 전인 1997년에는 인터넷이 익숙하지 않았다. PC통신을 통해 사랑을 키워가는 전도연과 한석규 주연의 <접속>이 개봉했던 때가 1997년이다. 나는 최근 TV에서 김하늘과 강지환 주연의 <7급 공무원>을 보았다. 영화 속에서 주인공들은 폴더폰을 사용하고 있었다. 그래서 나는 영화가 2000년대 초반의 영화인 줄 알았다. 그런데 <7급 공무원>은 2009년에 개봉한 영화였다. 생각해보니, 스마트폰이 대중화되기 시작한 것이 채 10년도 되지 않았다. 스마트 폰은 우리의 일상을 많이 바꿔놓았을 뿐만 아니라, 이제는 스마트폰 없는 일상은 상상하기도 힘들다. 그런데 고작 10년도 안 되었다니 믿기지가 않았다. 인터넷도 스마트폰도 대중화되고 나서는 순식간에 우리들의 일상을 점령해버렸다. 앞으로 10년 뒤, 또는 20년 뒤 세상은 또 어떻게 변해 있을까?

2016년 바둑으로 이세돌을 이긴 인공지능은 아직 대중적 상품이 아니다. 하지만 곧 대중화될 인공지능이 바꿀 세상은 어떤 모습일까? 인공지능이 스마트폰처럼 대중화되어 많은 상품들과 연결되었을 때, 우리는 인공지능 없는 일상을 상상하지 못할 것이다. 인공지능은 인터넷으로 인한 변화보다, 스마트폰으로 인한 변화보다 더 크고 근본적인 변화를 가져오지 않을까?

만약 인공지능이 전 세계 모든 학교의 수학 교과서와 참고서, 강의 동영상, 그리고 수학 문제와 풀이 방법을 배운다고 해보자. 그래서 전 세계인을 대상으로 하는 수학 앱이 만들어진다면 어떨까? 하나의 문제를 푸는 새로운 방법을 계속 학습하면서 특정인에게 가장 적합한 풀이 방법을 다양한 언어로 제공하고, 적절한 난이도의 문제를 자동으로 출제하고, 전 세계 사람들 중 몇 %의 사람들이 정답을 맞혔는지 즉각적으로 확인이 가능한 그런 앱이 생긴다면 정말 어떨까? 초중고등학교는 그래도 한 공간에서 아이들이 함께 공부해야 할 필요성이 있을 것이다. 인간관계, 공동체, 정서를 키우기 위해서라도 같은

공간에서 함께 공부해야 한다고 생각한다. 하지만 대학
은 어떨까? 집에서 VR 기기만 착용하면 전 세계 유명 대
학의 강의를 1:1로 들으며, 질문까지 할 수 있는 날이 오
지 않을까?

　　너무 먼 미래일 것 같은가? 글쎄 '과잠'입고 자랑스
럽게 돌아다니는 대학생들이 촌스러워질 날이 멀지 않
은 것만은 확실하다. 『사피엔스』의 저자 유발 하라리는
"지금 학교에서 배우는 것의 80~90%는 아이들이 40대
가 됐을 때 별로 필요 없는 것일 가능성이 높다"고 주장
한다.[1] 지식의 내용뿐만 아니라, 지식을 주고받는 일도 혁
명적으로 변해갈 것만은 분명하다. 대학은 지나간 옛날
지식을 내어놓지 않으려고 움켜쥐고 있다가, 어느 날 쥐
고 있는 지식마저도 금방 불필요하게 됨을 뒤늦게 깨닫게
될 것이다.

　　서연고 졸업장이 아니라, 개인이 풀어본 문제, 학습
한 내용과 읽고 이해한 책, 쓴 글 등 모든 것이 거대한 개
인 학습은행으로 만들어질 날이 멀지 않았다. 그때 대학
졸업장은 무슨 의미가 있을까? 개인의 능력과 직무 적합
성을 그저 국영수 점수로만 평가하던 학벌 중심의 인재
선발 방식은 무너져 내릴 것이 분명하다.

1　　조선일보 2017.03.16 「유발 하라리 "학교 교육 90%, 30년 뒤엔 쓸모없
　　어"」

지식과 학벌이 아닌, 공감과 소통의 시대

'4차 산업혁명'은 2016년 스위스 다보스 세계경제포럼에서 언급되었다. 4차 산업혁명은 인공지능, 사물 인터넷, 빅데이터, 클라우드 컴퓨팅, 모바일 등 지능정보기술이 기존 산업과 서비스에 융합되는 것을 뜻한다. 또한 4차 산업혁명은 3D 프린팅, 로봇공학, 생명공학, 나노기술 등의 신기술과 결합해서 기존에 없는 새로운 상품과 서비스를 생산할 수 있을 것으로 전망된다. 이러한 변화를 '산업혁명'이라고 이야기하는 이유는 생산과 소비에 대한 근본적인 변화를 만들어내기 때문이다.

물론 '4차 산업혁명'이 실체가 없는 개념이라고 비판하는 사람도 있고, 기존의 직업 대다수가 사라진다며 호들갑을 떠는 사람도 있다. 하지만 '4차 산업혁명'이라고 이름을 부르든지 부르지 않든지, 좋은 변화를 가져오든지 나쁜 변화를 가져오든지, 변화의 속도가 빠른지 느린지와 상관없이 우리가 주목해야 할 것은 변화의 방향이다. 최소한 지금처럼 단지 국영수 점수가 높은 사람이 능력 있는 사람으로 평가되지는 않을 것이 확실하기 때문이다.

극단적으로 이야기하면, 서연고에서 A+를 받는 멍청한 학생들은 모조리 인공지능이 대체하게 될 것이다. 자기 생각 없이 지식을 흡수하는 능력에서 서연고 A+들이 인공지능을 이길 수는 없기 때문이다. 우리는 2016년

이세돌 9단이 알파고에게 지는 모습을 생중계를 통해서 보았다. 경기 전까지만 해도 체스, 장기와는 차원이 다른 변화의 수를 가진 바둑이기에 아직은 컴퓨터가 인간을 이길 수는 없다고들 하였다. 많은 바둑 전문가들이 '그래도 아직은'이라고 평가했던 알파고의 능력은 상상 이상이었다. 이제 우리는 중국 바둑의 1인자인 커제 9단이 알파고에게 세 판을 모두 진 것을 당연하게 여기며, 그래도 이세돌 9단이 인공지능에게 유일하게 한 판을 이긴 인간일 것이라고 이야기하고 있다.

알파고의 실력은 멈추지 않고, 계속 발전하고 있다. 바로 '딥러닝'이라는 학습방법을 통해서다. 알파고는 주입해준 것만 수동적으로 처리하는 것이 아니라, 보다 능동적으로 자료를 이해하고 해석하고 판단하고 실행했다. 이러한 인공지능은 더 빠른 속도로 많은 분야에 접목되고 있다. 시간이 지나면 지날수록 인간에게 요구되는 능력은 달라질 것이 분명하다. 지금처럼 죽은 지식이나 쑤셔 넣고 있는 서연고는 사라질 것이다.

그렇다면 우리에게 필요한 가장 중요한 능력은 무엇이 될까? 바로 공감과 소통이다. 인간이 가진 지능 중에서 논리수학지능과 언어지능이 지금까지 가장 중요한 지능이었다. 서연고도 이런 지능이 우수한 학생들이 가는 곳이다. 하지만 앞으로는 그동안 제대로 평가받지 못한

자연친화지능, 자기성찰지능, 그리고 무엇보다 인간친화지
능이 훨씬 더 중요한 지능으로 평가받게 될 것이다. 인공
지능이 흉내 내지도 못할 지능이니 그 가치는 점점 더 커
지게 될 것은 분명하지 않은가?

무너지는 서연고

<학벌 없는 사회> 해산 선언문 일부 발췌

1. 학벌사회의 모순은

2016년 봄, 우리는 여전히 학벌사회에 살고 있다. 한국의 교육을 지배하는 것은 시험과 평가에 의한 서열 체제이다.… 학벌은 대물림의 신분제와 같은 역할을 한다. 학벌은 기존의 패거리가 장악하고 있는 사회 권력과 연계하여 부와 권력을 독점하였다. 이 결과 한국 사회의 학교는 공공성을 상실한 채 부와 권력을 획득하기 위한 수단으로 기능하고 있다. 학벌을 얻기 위해서 개인과 가정은 동원할 수 있는 모든 수단과 비용을 투여하고 있다. 결과는 보다 더 많은 자본을 가진 계층이 비용을 들여 학벌을 취득하고 나며, 그 학벌이 다시 자본이 되는 구조를 이루고 있다.…

2. 학벌사회의 현재는…

노동 자체가 해체되어 가는 불안은 같은 학벌이라고 밀어주고 끌어주는 아름다운(?) 풍속조차 소멸시켰다. 학벌사회는 교육에서 비롯하지만 그 본질은 사회 권력의 독점에 있다. 그러나 자본의 독점이 더 지배적인 2016년 지금은 학벌이 권력을 보장하기는커녕 가끔은 학벌조차 실패하고 있다. 학벌과 권력의 연결이 느슨해졌기에 학벌을 가졌다 할지라도 삶의 안정을 유지하기 힘들다.

학벌 패거리 문화가 존재하지만 이는 심리적 위안일 뿐 실제적인 통로로 작동하지 않는다.…

3. <학벌 없는 사회>는

그간 <학벌 없는 사회>는 우리 사회에 성, 장애 등의 원래부터의 다름이 아니라 스스로 획득한 것이라 여겨진 학벌이 능력과 다르며, 기존의 차별 이상으로 우리 삶에 질곡이 되고 있으며, 사실상 신분제와 같은 대물림이며, 그것이 한국의 교육과 사회를 어둡게 하고 있음에도 불구하고 침묵하고 있음을, 그것이 한국 교육과 사회 권력의 근원적인 문제임을 드러냈다. 그리고 그간의 노력으로 학벌이 차별임이 사회적으로 받아들여졌다.…

그러나 안타깝게도 지난 17년의 분투에도 불구하고 <학벌 없는 사회>는 단체로서의 활동을 중단하고자 한다. 이는 학벌사회가 해체되어서가 아니라 그 양상이 변했기 때문이다. 학벌사회는 여전히 교육문제의 질곡으로 자리하고 있으나, 더 이상 권력 획득의 주요 기제로 작동하지 않고 있다.…   [출처] <학벌없는 사회> 모임 해산 선언문 | 작성자 rkpaek2

학벌이 무용한 시대로

2016년 4월 '학벌 없는 사회'라는 단체가 해산을 선언했다. 학벌의 힘이 예전과 달라졌다는 점은 분명하다. 서연고를 졸업한다고 해서 성공하기도 어려울 뿐만 아니라, 안정된 직업을 갖기도 쉽지 않다. 그렇다고 학력의 차별이 없어지고, 누구나 평등한 기회를 보장받을 수 있다는 뜻은 아니다. 오히려 기득권의 벽은 더 크고 두꺼워져서 서연고로도 뚫을 수가 없게 되었기 때문이다.

20:80의 사회에서 서연고는 강력한 힘을 가졌다. 서로 밀어주고 끌어주면서 중산층이 되고, 기득권층이 되었다. 하지만 1:99의 사회로 변화하면서 서연고는 힘을 잃었다. 서연고보다 더 중요한 것은 아버지가 누구냐는 것이다. IMF 이후 지난 20년 동안 자본은 더욱 소수에게만 집중되었다. 집중된 자본과 고도화된 기술은 함께할 사람들을 필요치 않게 만들었다. 사람이 필요한 일은 그저 '하청'을 주면 되었기 때문이다. 아버지를 잘 만나 자본을 가진 소수는 서연고에게 하청을 주고, 아버지를 잘 못 만난 다수의 서연고는 하청을 구걸하게 됐다. 심지어 대학마저도 자본에 굴복해버렸으니, 그 대학을 졸업한 학생들이 무슨 힘이 있겠는가? 2010년 3월 고려대 학생 김예슬은 자본에 길들여진 대학과 그런 대학에 길들여진 학생들에게 작은 파문을 일으켰다.

'김예슬 선언' 전문

오늘 나는 대학을 그만둔다. 아니, 거부한다! G세대로 '빛나거나' 88만원 세대로 '빛내거나', 그 양극화의 틈새에서 불안한 줄타기를 하는 20대. 그저 무언가 잘못된 것 같지만 어쩔 수 없다는 불안과 좌절감에 앞만 보고 달려야 하는 20대. 그 20대의 한가운데에서 다른 길은 이것밖에 없다는 마지막 남은 믿음으로.

이제 나의 이야기를 시작하겠다. 이것은 나의 이야기이지만 나만의 이야기는 아닐 것이다. 나는 25년 동안 경주마처럼 길고 긴 트랙을 질주해왔다. 우수한 경주마로, 함께 트랙을 질주하는 무수한 친구들을 제치고 넘어뜨린 것을 기뻐하면서. 나를 앞질러 달려가는 친구들 때문에 불안해하면서. 그렇게 소위 '명문대 입학'이라는 첫 관문을 통과했다. 그런데 이상하다. 더 거세게 나를 채찍질해봐도 다리 힘이 빠지고 심장이 뛰지 않는다. 지금 나는 멈춰 서서 이 경주 트랙을 바라보고 있다. 저 끝에는 무엇이 있을까? '취업'이라는 두 번째 관문을 통과시켜줄 자격증 꾸러미가 보인다. 너의 자격증 앞에 나의 자격증이 우월하고 또 다른 너의 자격증 앞에 나의 자격증이 무력하고, 그리하여 새로운 자격증을 향한 경쟁 질주가 다시 시작될 것이다. 이제서야 나는 알아차렸다. 내가 달리고 있는 곳이 끝이 없는 트랙임을. 앞서 간다 해도 영원히 초원으로는 도달할 수 없는 트랙임을.

이제 나의 적들의 이야기를 시작하겠다. 이 또한 나의 적이지만 나만의 적은 아닐 것이다. 이름만 남은 '자격증 장사 브로커'가 된 대학, 그것이 이 시대 대학의 진실임을 마주하고 있다. 대학은 글로벌 자본과 대기업에 가장 효율적으로 '부품'을 공급하는 하청업체가 되어 내 이마에 바코드를 새긴다. 국가는 다시 대학의 하청업체가 되어, 의무교육이라는 이름으로 12년간 규격화된 인간제품을 만들어 올려 보낸다. 기업은 더 비싼 가격표를 가진 자만이 피라미드 위쪽에 접근할 수 있도록 온갖 새로운 자격증을 요구한다. 이 변화 빠른 시대에 10년을 채 써먹을 수 없어 낡아 버려지는 우리들은 또 대학원에, 유학에, 전문과정에 돌입한다. 고비용 저수익의 악순환은 영영 끝나지 않는다. '세계를 무대로 너의 능력만큼 자유하리라'는 세계화, 민주화, 개인화의 넘치는 자유의 시대는 곧 자격증의 시대가 되어버렸다. 졸업장도 없는 인생이 무엇을 할 수 있는가? 자격증도 없는 인생이 무엇을 할 수 있는가? 학습된 두려움과 불안은 다시 우리를 그 앞에 무릎 꿇린다.

생각할 틈도, 돌아볼 틈도 주지 않겠다는 듯이 또 다른 거짓 희망이 날아든다. 교육이 문제다, 대학이 문제다, 라고 말하는 생각 있는 이들조차 우리에게 이렇게 말한다. "성공해서 세상을 바꾸는 '룰러'가 되어라", "네가 하고 싶은 것을 해. 나는 너를 응원한다", "너희의 권리를 주

장해. 짱돌이라도 들고 나서!" 그리고 칼날처럼 덧붙여지
는 한 줄, "그래도 대학은 나와야지". 그 결과가 무엇인지
는 모두가 알고 있으면서도.

큰 배움도 큰 물음도 없는 '대학大學' 없는 대학에서, 나
는 누구인지, 왜 사는지, 무엇이 진리인지 물을 수 없었
다. 우정도 낭만도 사제간의 믿음도 찾을 수 없었다. 가장
순수한 시절 불의에 대한 저항도 꿈꿀 수 없었다. 아니,
이런 건 잊은 지 오래여도 좋다. 그런데 이 모두를 포기하
고 바쳐 돌아온 결과는 정녕 무엇이었는가. 우리들 20대
는 끝없는 투자 대비 수익이 나오지 않는 '적자세대'가 되
어 부모 앞에 죄송하다. 젊은 놈이 제 손으로 자기 밥을
벌지 못해 무력하다. 스무 살이 되어서도 내가 뭘 하고 싶
은지 모르고 꿈을 찾는 게 꿈이어서 억울하다. 이대로 언
제까지 쫓아가야 하는지 불안하기만 한 우리 젊음이 서
글프다.

나는 대학과 기업과 국가, 그리고 대학에서 답을 찾으라
는 그들의 큰 탓을 묻는다. 깊은 분노로. 그러나 동시에
그들의 유지자가 되었던 내 작은 탓을 묻는다. 깊은 슬픔
으로. '공부만 잘하면' 모든 것을 용서받고, 경쟁에서 이
기는 능력만을 키우며 나를 값비싼 상품으로 가공해온
내가, 체제를 떠받치고 있었음을 고백할 수밖에 없다. 이
시대에 가장 위악한 것 중에 하나가 졸업장 인생인 나,

나 자신임을 고백할 수밖에 없다. 그리하여 오늘 나는 대학을 그만둔다. 아니, 거부한다!

더 많이 쌓기만 하다가 내 삶이 한번 다 꽃피지도 못하고 시들어버리기 전에. 쓸모 있는 상품으로 '간택'되지 않고 쓸모없는 인간의 길을 '선택'하기 위해. 이제 나에게는 이것들을 가질 자유보다는 이것들로부터의 자유가 더 필요하다. 자유의 대가로 나는 길을 잃을 것이고 도전에 부딪힐 것이고 상처 받을 것이다. 그러나 그것만이 삶이기에, 삶의 목적인 삶 그 자체를 지금 바로 살기 위해 나는 탈주하고 저항하려다. 생각한 대로 말하고, 말한 대로 행동하고, 행동한 대로 살아내겠다는 용기를 내련다.

학비 마련을 위해 고된 노동을 하고 계신 부모님이 눈앞을 가린다. '죄송합니다, 이 때를 잃어버리면 평생 나를 찾지 못하고 살 것만 같습니다.' 많은 말들을 눈물로 삼키며 봄이 오는 하늘을 향해 깊고 크게 숨을 쉰다.
이제 대학과 자본의 이 거대한 탑에서 내 몫의 돌멩이 하나가 빠진다. 탑은 끄떡없을 것이다. 그러나 작지만 균열은 시작되었다. 동시에 대학을 버리고 진정한 大學生의 첫발을 내딛는 한 인간이 태어난다. 이제 내가 거부한 것들과의 다음 싸움을 앞에 두고 나는 말한다. 그래, "누가 더 강한지는 두고 볼 일이다".

2010년 3월 10일 김예슬

두고 볼 필요도 없다

이상한 학생 한 명이 학교를 자퇴한 것이 뭐 대수로운 일이겠는가? 하지만 20년 쯤 지난 어느 날, 그때 그 김예슬이라는 학생이 옳았음을 우리는 알게 될 것이다. 기능을 다한 대학이, 존재가치가 없어진 대학이 공룡처럼 자기 몸만 불리고 있었음을 알게 될 것이다.

'김예슬 선언문'은 자본의 노예가 된 대학의 모습을 적나라하게 보여준다. 지금의 대학 졸업장과 각종 자격증은 자신의 상품 가치를 높이기 위해 필요한 택(tag)에 불과하다. 진열장에 전시된 유명 브랜드 상품은 넘쳐나지만 고객은 시큰둥하기만 하다. 여러 가지 기능을 가졌음을 보이기 위해 택(tag)의 개수는 갈수록 늘어만 간다. 하지만 기업이라는 고객의 눈에 띄기는 하늘의 별따기처럼 어렵다.

서연고 졸업생도 어렵기는 마찬가지다. 예전처럼 서연고를 졸업했다고 해서 기업에서 모셔가지 않는다. 변호사도 어렵고, 의사도 어렵다. 학력은 인공지능이라는 무서운 상대를 만나기도 전에 이미 자본에 의해서 혼미한 상태에 빠졌다. 과거 서슬 푸른 권력 앞에서 당당하던 교수들도 자본 앞에선 맥을 추지 못한다.

2015년 연세대 졸업식장에 걸린 "연대 나오면 모하

냐 백순데.."라는 현수막 사진은 그저 우스개로 보이지
않는다. 석사학위도 박사학위도 안정적인 삶을 보장해주
지 못하는 사회다. 서연고를 졸업하고도 9급 공무원 시험
을 보는 것이 이상하지 않은 사회다. 대학과 삶의 안정성
의 연결고리는 그렇게 계속 얇아지고 있다. 젊은 시절에
공부해서 얻은 학벌 하나로는 안정적인 삶을 보장받기
힘든 사회로 빠르게 바뀌고 있다. 오히려 대학을 나오지
않더라도 자신의 분야에서 끊임없이 공부하는 사람이 더
욱더 필요한 사회가 되고 있다. 쓸모없는 학벌을 얻기 위
해 너무 많은 노력과 돈을 쏟아부은 사람들은 이미 후회
하고 있다.

미래의 학교

상상해보자. 지금 중고등학생이 30대가 되는 20년
후, 2038년은 어떤 세상이 되어 있을까? 그때도 서연고가
지금과 같은 지위를 유지하고 있을까? 많은 사람들이 주
장하는 것처럼 서연고가 아니라도 그와 같은 지위를 가
진 다른 대학이 등장할까? 그때도 20살에 입학한 대학이
평생에 걸쳐 큰 영향을 미치는 사회일까? '알 수 없다'가
정답이다. 우리는 20년 후 세상을 알 수 없다. 다만 20년
후의 세상이 어떠해야 하는지 상상할 수 있고, 그런 세상
을 만들기 위해 노력할 수 있다. 20년 후 세상은 우리와

상관없이 주어지는 것이 아니다. 학교의 미래는 어떻게 될까? 다음은 내가 상상하는 미래의 학교다.

먼저 자사고와 외고가 폐지되고, 쓸데없이 구분해놓은 문·이과도 없어진다. 일렬로 줄 세우는 수능이 바뀌어 학생들의 학업성취도만을 평가한다. 학생들을 다른 학생과 비교하는 평가는 없다. 그저 어제의 나와 오늘의 나를 비교할 뿐이다. 즉, 학교에서는 학생 본인의 성취 과정만을 투명하게 평가한다. 서로 협력해서 문제를 해결해나가는 수행평가가 많이 늘어나고, 토론식 수업이 자리 잡고, 논술 시험도 본다. 학생들은 책도 많이 읽고, 음악·체육 활동도 마음껏 할 수 있다. 더 이상 학생들은 평가를 위한 공부를 하지 않는다. 공부를 위한 평가가 이루어지기 때문이다.

지역별로 실력에 따라 세 단계로만 구분한 대학이 존재하고, 실력이 되는 학생들은 추첨을 통해 대학을 배정받는다. 대학은 고유 영역이 정해져 있어서 어느 대학을 가든지 사회적 차별은 없다. 물론 대학을 졸업하기는 지금보다 훨씬 어려워질 것이다. 수능시험 본다고 온 나라가 비상 걸리는 우스운 일도 없고, 대학입시는 학교 선생님들이 학생의 관심과 능력에 맞춰, 학생 본인과 상의해서 처리한다.

그러다가 어느 순간에는 지식을 통제하고 관리하는 거대 조직인 대학이 사라진다. 교육은 누구에게나 열려 있는 일상의 공간으로 돌아온다. 상상만으로 즐겁다.

관심 없다, 서연고

중산층의 기준

중산층의 기준도 변하고 있다. 과거에는 아파트와 자동차만 있어도 중산층으로 대접을 받았다. 하지만 요즘은 어떤 아파트인지, 어떤 자동차인지도 중요하다. 해외여행도 가야 한다. 물론 씀씀이에 맞는 소득도 필수적이다. 변화된 중산층의 기준을 살펴보기 위해 동아일보와 동아닷컴, 서울대 한국사회과학연구지원(SSK) 창의적 미래인재 양성사업단 신종호 교수팀이 '신(新)중산층의 기준'에 대해 여론조사를 했다. 조사에 따르면 2015년 대한민국 중산층은 '100m²(약 30평) 넘는 주택을 소유하고 월 600만 원 이상 벌면서 매주 4시간 취미·레저 활동을 하고 자기계발과 기부에 각각 매달 10만 원, 5만 원씩은 쓰는 사람'이라고 한다.[1] 아파트 평수와 자동차 배기량, 그리고 소득 수준의 약간의 차이는 있을지언정 대체로 우리가 생각하는 중산층은 소유하고 있는 것이나 소득 수준으로 결정된다. 하지만 다른 나라 사람들이 생각하는 중산층

---

1   동아일보 2015.05.13. 「체감 '新중산층 기준' 정부 기준 훌쩍 넘다」

의 기준을 듣고 나면 부끄러워지기 마련이다.

　　프랑스의 조르주 퐁피두 전 대통령은 1969년 공약집에 담았던 '삶의 질'에서 △외국어 하나 이상 가능하고 △스포츠를 하나 이상 즐기며 △악기를 다룰 줄 알고 △남들과 다른 맛의 요리를 만들 줄 알고 △'공분'에 의연히 동참할 줄 알고 △약자를 도우며 봉사활동을 꾸준히 하는 것을 중산층의 기준으로 제시했다. 미국의 공립학교에서도 중산층은 △자신의 주장에 떳떳하고 △사회적 약자를 도우며 △부정과 불법에 저항하고 △정기적으로 받아 보는 비평지가 있어야 한다고 가르치고 있다.[2] 이 외에도 옥스퍼드 대학은 중산층의 기준을 △페어플레이를 하며 △자신의 주장과 신념을 가지되 △독선적으로 행동하지 말고 △약자를 두둔하고 강자에 저항하고 △불의와 불법에 의연히 대처하는 것이라고 밝히고 있다.

　　물질주의적이고 개인주의적인 기준이나 생각하고 있는 내가 부끄러워진다. 한편으로는 한국적 기준에서는 중산층이 되기도 어렵겠지만, 다른 나라 기준으로는 나도 중산층일 수 있겠다는 생각에 조금은 뿌듯한 마음이 생기는 것도 사실이다. 사실 중산층의 기준에 대한 이야기의 근거가 있느냐는 논란도 있고, 설문 항목과 질문 내용

2　　한겨레 2015.10.14 「중산층, 프랑스·미국·한국 기준 따져보니…」

도 다르기 때문에 비교할 수 없다는 주장도 있다. 하지만 중요한 것은 많은 사람들이 위의 이야기를 통해서 당연하게 여기고 있던 삶의 기준을 다시 생각해보게 되었다는 점이다. 그러면서 진정으로 추구해야 할 가치가 무엇인지를 아주 쉽게 깨달을 수가 있었다.

비교는 촌스럽다

미국 사람들은 부유층과 자신의 삶을 비교하는 하층민이 없다고 한다. 그냥 운명이려니 하면서 받아들이는 모양이다. 유럽에서도 조금 다른 양상이지만, 공부 못하는 자식을 그저 아이가 그렇게 태어났다고 생각할 뿐, 자기 탓으로 여기는 부모는 많지 않다고 한다. 긍정적으로만 볼 수 없는 현상이기는 하지만, 관계를 너무나 중시하는 우리와는 다른 사고방식을 가지고 있는 것만은 분명하다. 우리는 항상 남과의 비교를 통해서 자신의 위치를 끊임없이 확인하려고 하는 생각을 가지고 있다. 하지만 최근에 우리 사회에도 남들과의 비교를 통해서 불행을 자극하는 사람보다, 그저 자기만족을 우선시하면서 행복을 찾는 사람이 더 많아지고 있다.

앞에서 느닷없이 중산층에 대한 이야기를 꺼낸 이유는 사람들의 가치관이 다르다는 것을 보여주기 위해서

였다. 또한 가치관은 계속 변하기도 한다. 희생과 헌신의
60~70년대를 지나, 성공을 위해 치열하게 살았던 80~90
년대를 거치면서 대한민국은 일상의 작은 행복에 눈뜨고
있다. 오늘이 행복한 삶을 꿈꾸기 시작한 것이다. 물론 그
과정에서 웰빙도 힐링도 개인적이고 물질적인 것을 넘어
서지 못하기도 했지만, 새로운 가치관을 향해 나아가는
과정에서 충분히 겪을 수 있는 일일 것이다. 중산층 기준
에 대한 사람들의 생각이 바뀌는 것은 개인적이고 물질
적인 것을 중심으로 하는 가치관이 다른 차원으로 변화
하고 있음을 뜻한다.

　　다른 사람이 가진 것을 부러워하기보다는 내가 가
진 것에서 의미를 발견하는 것은 시대적인 흐름이다. 최
근 유행하는 자기계발서는 예전처럼 '성공'을 내세우지 않
는다. '자책과 후회 없이 나를 사랑하는 법', '당신, 문제
는 너무 열심히 산다는 것이다', '시작하는 모든 존재는
늘 아프고 불안하다. 하지만 기억하라, 그대는 눈부시게
아름답다', '나를 응원하는 심리처방전', '당신의 마음을
쓰다듬어준 적이 언제인가요?', '오늘 하루 당신을 얼마
나 사랑했나요?', '대한민국 30대를 위한 심리치유 카페',
'중년의 길목에선 누구에게나 한 번 지나온 삶을 돌아봐
야 할 시간이 온다!', '다시 시작할 힘은 이미 네 안에 있
다' 등은 모두 자기계발서의 표지에 있는 말들이다. 얼마
전까지도 성공을 위해서 열심히 노력해야 한다고, 자신

의 가치를 높여야 한다고 이야기하던 자기계발서들이 남이 가진 것을 갖기 위한 노력이 아니라, 자기가 이미 가지고 있는 것에 주목하기 시작한 것이다. 스테디셀러로 자리 잡은 『자존감 수업』이나 『미움 받을 용기』는 다른 사람과의 비교가 쓸데없는 일임을 이야기한다.

남과의 비교를 거부하고, 자기 자신의 만족을 더 중요하게 생각하는 것은 소비 패턴이 바뀐 것만으로 알 수 있다. 『트렌드 코리아 2016』에서는 2015년 10대 트렌드 상품의 의미를 "일상적이고 익숙한 것의 가치를 다시 돌아보고 평범함에서 의미를 찾고자 하는" 사람들과 "가성비와 실속을 강조하며, 밖으로 드러나는 브랜드나 스펙보다 숨은 실력인 품질을 강조하는" 제품을 찾는 사람들이 늘었다고 평가했다. 이런 변화는 소비 상품을 넘어 삶의 가치관으로 확산되고 있다. 점점 더 많은 사람들이 남의 시선을 의식하지 않고 자기의 기준을 찾고, 만들어가고 있다.

나는 내 속도로 걷는다

2016년 개봉한 영화 <걷기왕>은 목표를 위해 죽을 각오로 열심히 노력해야 하는 이유를 묻는다. 주인공 만복은 선천적인 멀미증을 앓는다. 그 어떤 운송수단도

탈 수가 없다. 그래서 학교까지 왕복 4시간을 매일 걷는다. 특별한 꿈도 목표도 없이 지내던 만복에게 '목표', '열정', '노력'을 강조하는 담임선생님은 경보를 권한다. 그렇게 운동부에 들어가 경보를 시작한 만복에게 "다들 죽을힘을 다해 노력한다"고, "그렇게 최선을 다해도 제자리조차" 지키기 힘들다는 충고가 줄을 잇는다. 만복도 열심히, 최선을 다해야겠다고 다짐을 한다. 수많은 어려움을 극복하고 드디어 경보 경기에 참가하게 된 만복은 정말 죽을힘을 다해 걷는다. 하지만 결정적인 순간, 선두 그룹이 모두 함께 넘어져서 다시 일어나서 경기에 참여해야 하는 그 순간, 바닥에 누운 만복은 경기를 잊은 듯 하늘을 쳐다본다. 만복이가 이길지도 모른다는 기대와 긴장이 탁 풀린다. 그리고 조금 뒤늦게 감독의 메시지가 전해온다. 감독은 "도대체 무엇을 위해 그렇게 뒤도 돌아보지 않고, 하늘 한번 쳐다볼 여유도 없이 앞만 보고 죽을힘을 다해 가고 있느냐"고 묻는다.

만약 <걷기왕>이 10년 전에 개봉했다면 영화가 끝나고 영화를 욕하는 사람들이 대부분이었을 것이다. "뭐 이렇게 맥 빠지고, 허무한 영화가 있냐?"면서 투덜댔을 것이다. 우리는 목표를 향한 열정과 땀의 숭고함을 지나치게 강조하면서 살았다. 앞만 보고 무조건 열심히 가야했다. 우리는 어느새 자기 자신의 성장보다 주변 사람과의 경쟁을 통해 자신의 위치를 확인하는 것에 익숙해져

버렸다. 그렇게 우리는 자신의 허리춤에 찬 '만보기'의 숫자를 남과 비교하며 자신을 걸음을 잃어버렸다. 어쩌면 숭고미를 강조하고 지나치게 아름답게 만들어 유포한 것은 자신들이 누리는 특권을 합리화하기 위한 기득권층일지도 모른다. 그들은 "나는 고생을 겪고 이겨냈기 때문에 이런 특권을 누릴 수 있었다"고 말한다. 잘못된 사회구조가 만들어준 지나친 특권을 자신의 노력으로 순수하게 얻은 것인 양하면서 뻐긴다.

서연고에 대한 지나친 환상은 소수 성공자의 삶을 합리화하면서, 다수의 루저를 만든다. 소수의 성공한 사람들이 더욱 당당하게 성공의 성과를 누릴 수 있게 한다. 동시에 다수의 사람들에게 자기 삶을 못마땅하게 여기게 만든다. 우리들은 비록 성공하지 못했더라도 비장미를 느끼며 살아야 하는 루저가 될 필요는 없다. 그럼에도 서연고는 우리를 루저로 만들기 위해 갖은 노력을 한다. 그렇지 않으면 자신의 존재가 부정당하기 때문이다. 이것이 서연고가 존재하는 방식이 아닐까?

하지만 <걷기왕>은 자신의 속도로 걷는 것이, 남과의 비교와 경쟁에서 벗어나는 것이 두려운 일이 아님을 유쾌하게 보여준다. 이제 사람들은 숭고미만이 아름답다고 생각하지 않는다. 성공하기 위해서 치열하게 노력하는 것만 아름다운 것이 아니라는 것을 깨달은 것이다. 이제 우리는 목표하는 바를 위해, 현실을 극복하기 위해 노력하는 숭고미만이 아니라, 가지고 있는 것에 만족하며 자기만의 만족을 찾는 우아미도 아름다울 수 있다는 것을 안다.

또한 우리는 주어진 삶에 만족하지는 못하지만, 잘못된 현실에 대한 비판을 통해 건강하게 삶을 만들어가기도 한다. 자신에게 주어진 일이 불만족스럽기도 하지만 그래도 열심히 살고, 가끔씩 비슷한 처지에 있는 사람들과 함께 소주 한잔하면서 윗사람들 욕도 하고 잘못된 현실을 안주 삼아 씹기도 하며 사는 것이다. 이렇게 불평, 불만도 가지고 있지만 건강하게 해소해나가는 골계미도 아름답다.

사람은 위, 아래가 아니라 옆에 있다

부정적인 우아미를 추구하는 사람들도 있다. 최근에는 관계 맺기를 거부하는 사람들도 늘어나고 있다. 그들은 가진 것으로 끝없이 다른 사람과 비교하는 관계를 맺는 것을 거북해한다. 그들은 다른 사람이 좋은 대학을 나왔든, 멋진 차를 가지고 있든, 큰 집에서 살고 있든 개의치 않는다. 그저 자신의 삶의 공간 안에서 자신만의 만족을 추구하고자 한다. 남들이 서로 경쟁하듯 얻고자 하는 것을 포기해버리고 주어진 것에 만족하고자 할 뿐이다. 하지만 이들 역시 긍정적인 관계까지도 포기하고 있다는 면에서 좋은 모습은 아니다.

어쩌면 자신이 얻을 수 없는 것에서 상처 받지 않기 위해서 그저 외면하고 있는 것은 아닐까? 꿩이 사냥꾼 앞에서 머리만 땅속에 처박고 있는 모습과 다르지 않아 보인다. 아마도 사람의 관계를 위아래로만 강요하는 사회적 분위기가 싫어서일 것이다. 만약 그렇다면 더 당당히 마주해야 한다. 사람은 위아래가 아니라 옆에 있는 거라고, 잘못 알고 있는 이들에게 알려주어야 한다. 다른 사람과 관계를 맺는 것은 삶을 유지하기 위한 가장 중요한 방법이다.

누군가에게 인정받고, 사랑받고, 존경받기 위해 우리는 열심히 살고 있다. 우리에게는 자신의 노력과 지식, 열정과 감정을 알아주는 사람이 필요하다. 하지만 어리석게도 우리는 누군가가 누군가의 위에 있어야 하는 위계적인 관계에만 익숙했다. 높은 위치에서 낮은 위치에 있는 사람들에게 받는 부러움을 관계의 전부로 착각하고 있었다. 집도 차도 몸매도 학벌도 모두 그렇다. 더 크고 더 빠르고 더 날씬하고 더 높은 무엇을 추구하고 있었다. 그리고 '남보다 더' 얻은 그것이 자존심을 세울 수 있는 유일한 길이라고 생각했다. 서연고에 가고 싶거나, 자식을 서연고에 보내려고 하는 욕망은 그런 자존심을 세울 수 있는 방법 중에 가장 그럴듯해 보였다.

하지만 진정한 관계는 수직적이지 않다. 열등감을 느끼며 한 줄로 서 있을 필요가 없다. 그저 여기저기로, 이곳저곳으로, 자신의 관심 분야를 향해 뚜벅뚜벅 걸어가면 될 일이다. 무엇으로든 상대방에게 우월감을 보이고자 하는 욕구가 밑바탕이 되는 한 우리는 끝없이 부끄러움과 헛된 노력으로 몸부림칠 수밖에 없다. 그저 사람으로 너와 내가 똑같이 동등한 관계에서 나눌 수 있는 공감이 최고의 관계다. 누군가에게 잘 보이고자 하는 헛된 욕망을 내려놓으면 돈 많이 가진 잘사는 사람에게도, 서연고라는 학벌에도 주눅 들지 않고 당당하게 마주할 수 있지 않을까?

깨닫기만 하면 그들은 아무것도 아니다

최순실 씨 덕분에 정치와 공동체에 대한 생각에 근본적인 변화가 생기고 있다. 광화문의 그 수많은 촛불들은 이미 그런 가능성을 보여주었다. 우리가 들었던 촛불은 모두가 '자기'만을 생각하면서 살고 있는 사회에서 "어둠은 빛을 이길 수 없다"는 진실을 인양했다. 광화문 광장에는 기득권층에 대한 분노와 그에 저항하기 위한 연대가 있었다. 누군가의 지시로 만들어진 연대가 아니었다. 누구나 동등하게 자신의 주장을 따로따로 하고 있었지만, 그 자리에서는 모두가 하나였다. 공감과 배려가 넘치는 함께하는 힘이 거기에 있었다. 마구잡이로 폭발시키는 분노가 아니었다. 모두가 분노하고 있었지만, 그 자리에서는 예술로 피어났다. 정제되고 다듬어진 엄청난 분노의 힘이 거기에 있었다. 그 셀 수 없는 수많은 촛불들을 보면서 나는 내가 아닌 우리가 함께할 수 있는 일이 있다는 것을 새삼 느꼈다. 입장의 동일함을 가진 사람들이 함께 연대하여 아름답게 분노할 수 있다는 사실을 말이다. 이제 그 힘을 우리의 일상적 삶으로 옮겨올 차례다.

깨닫기 전까지 강력했던 그들의 힘도 깨닫고 나면 아무것도 아니게 된다. 그들의 거대하고 강력했던 힘도 결국 오랜 시간 쌓아 올려진 거대한 허상에 지나지 않는다. 서연고는 우리의 무지가 쌓아 올린 피라미드의 꼭짓점 중 하나에 지나지 않는다. 이제 우리는 삼각뿔을 가볍게 뒤집고 돌리며 놀 수 있게 되었다. 위에 있던 꼭짓점이 아래로 가고, 아래에 있던 꼭짓점이 위로 가도록 뒤집을 수 있는 가능성이 커지고 있다. 우리에겐 모두가 서로를 지탱하며 다른 꼭짓점을 위로 올려 보내기도 하고, 또 자신이 위의 꼭짓점이 될 수도 있는 그런 유연함과 여유가 생기고 있다.

우리는 공동체의 힘을 믿기 시작했고, 앞으로도 우리의 힘으로 수많은 적폐들을 청산해나갈 것이다. 그리고 정치적인 적폐를 청산하는 과정에서 자신 안의 적폐를 되돌아보고 바꿔나갈 것이라고 믿어 의심치 않는다.

우리는 일방적인 희생만 강요하는 노동 유연성이 아니라 누구나가 자유롭게 꿈꾸고 노력하는 계층 유연성을 만들어나갈 것이다. 서연고 졸업생도 그저 많은 것들 중 공부 하나 잘하는 사람으로 우리와 아무렇지 않게 어울리는 그런 세상을 만들어나갈 것이다. 그런 세상을 위해 먼저 해야 할 것은 그들 앞에서 작아지지 않는 것이다. 그저 옆집 아들이 서울대에 합격했다고 이야기할 때, 내 아들도 남서울대에 합격했다고 아무렇지 않게 이야기할 수 있으면 되지 않을까? 우리가 그들을 부러워하지 않게 된다면 그들은 자랑할 대상을 잃게 될 것이고, 우리가 그들에게 부끄러움을 느끼지 않으면 그 즉시 그들의 힘은 바람 빠진 풍선처럼 가라앉을 것이다.

작가 후기

우리를 되돌아보라

재미있었으리라 믿는다. 아무래도 다른 사람에 대한 '뒷담화'는 즐겁기 마련이다. 나보다 잘난 사람들에 대한 '뒷담화'야 말할 것도 없다. 물론 뉴스나 신문 기사를 통해서 이미 알고 있는 이야기가 상당했을 것이다. 하지만 주제나 방향을 바꿔서 그들의 기사를 접했을 때 느끼는 감정은 또 달랐을 것으로 생각한다. 나 역시 서연고 출신들의 못난 모습을 보며 한편으로는 화도 났고, 또 한편으로는 속 시원하기도 했다. 그들이 잘한다고 하는 공부가 무엇인지도 살펴보고자 했다. 대학에서마저 의문을 제기하지 못하고 자기 생각을 주장하지 못하는 그들의 모습이 답답했다.

하지만 실제로 내가 하고 싶은 말은 그들의 못난 행실도 잘못된 교육의 문제도 아니었다. 학벌 사회의 구조적인 문제와 거시적인 해결방법도 나의 관심은 아니었다. 나는 서열화된 대학에 대해서 느끼는 우리들의 마음을 들여다보고 싶었다. 지식에 대한 지나친 숭배가 만들어낸 이상한 마음. 가지고 있는 지식의 양으로 쉽게 사람을 평가하는 마음. 졸업한 대학의 상대적 위치에 따라 다른 사람을 대하는 태도와 자세가 달라지는 우리들 마음이 이상했기 때문이다.

작가 소개에서 나는 졸업한 대학을 구체적으로 밝히지 않았다. 나는 숭실대를 졸업했다. 누구나 당당히 자신이 나온 학교를 이야기하는 것이 자연스러운 사회를 꿈꾼다고 했으니 학력을 숨길 이유는 없었다. 다만, 사람들이 가지고 있는 학력의 편견이 책 내용을 이해하는 데 영향을 주지 않았으면 했다. 내가 무슨 대학을 졸업했든지, 혹은 대학을 졸업하지 않았든지 당신이 읽은 책 내용은 변함이 없다. 책만이 아니다. 그 사람이 졸업한 대학보다 그 사람이 한 일로 정당하게 평가받는 것이 옳다.

나는 우리 위에 있는 서연고를 끌어내려 우리 옆으로 옮기기 위해 책으로 할 수 있는 온갖 노력을 했다. 하지만 그보다 더 중요한 것이 있다. 우리도 우리 밑에 있다고 느끼고 있던 사람들 곁으로 내려가는 일이다. 못난 서연고 출신들이 피라미드 꼭대기에서 갑질을 할 수 있는 이유는 그 피라미드 어딘가에 그들과 같은 마음을 가진 우리들이 있기 때문이다.

검지손가락을 펴서 앞으로 향하게 해보자. 그리고

손가락의 방향을 180° 돌려 나에게로 돌리자. 서연고를 향하던 손가락의 방향을 바꿔 나에게로 향하게 해야 한다. 이제 우리 안의 괴물을 마주해야 한다.

서연고 출신만 저렴하고 저급할 리가 없다. 성균관대를 졸업해서 건국대를 낮게 보고, 건국대를 졸업해서 한신대를 무시하고, 한신대를 졸업해서 백석대를 우습게 여기고, 백석대를 졸업해서 전문대를 백안시하고, 전문대를 졸업해서 고등학교만 졸업한 사람을 한심하게 여긴다면 우리도 그들과 조금도 다를 바 없는 한심한 인간일 뿐이다. 서울의 4년제 대학을 다닌다고 지방대 학생보다 조금 더 이익을 얻어야 한다는 생각은 버려야 한다. 4년제 대학을 졸업했다고 전문대를 졸업한 사람들을 조금 아래로 보는 시각을 바꾸어야 한다. 전문대를 나왔다고 고등학교를 졸업한 사람들에게 작은 우월감이라도 가지려고 했다면 내려놓아야 한다. 괴물을 만들어내는 학력은 사라져야 한다.

어쩌면 학력을 대하는 우리들의 마음이 복잡하게 얽힌 학력 사회의 문제를 해결하고, 입시 위주의 잘못된 교육을 바로잡는 가장 중요한 출발점이 아닐까? 이제 우리 학력이 아닌 노력을 보자. 학력이 아닌 실력으로 평가하자. 학력이 아닌 상상력을 부러워하자. 그리고 무엇보다 학력이 아닌 인격으로 대하자.

우리 모두, 그저 배움의 자세와 태도를 잃지 않았는
지를 스스로 점검하며 살면 될 일이다.